DIRK SALZ

Allzeit wache Möglichkeiten
A Never-ending Enchantment

KERBER ART

Vorwort

Wenn ich gefragt werde, sage ich stets, dass ich meine künstlerische Arbeit primär als Malerei empfinde, selbst wenn ich gern und mit Leidenschaft die zunehmend verwischenden Grenzen zu Objekt, Skulptur und Installation untersuche. Schließlich geht es mir immer um Wahrnehmung beziehungsweise Realität und das, was Verstand und Vernunft daraus machen. Eigentlich immer geht es dabei auch um Licht und Raum, jedoch bezogen auf ein Bildobjekt.

Gelegentlich ergab sich für mich die Möglichkeit, einen ganzen Raum intervenierend neu zu prägen – gelegentlich auch deshalb, weil ich nur selten nach der Gelegenheit gesucht habe, fühlte ich mich in dem beschränkten Rahmen eines Bildobjektes doch stets sehr wohl und sicher.

Dass das so ist, hängt auch mit meinem eigenen Anspruch zusammen, der bezogen auf den Fokus meiner Arbeit immer ein für mich optimales, das heißt insbesondere in der Betrachter-Wahrnehmung auch Relevanz erzeugendes Ergebnis verlangt. Ausgehend von diesem Anspruch ist es nicht damit getan, vorhandene bildnerische Konzepte zu skalieren. Es muss im Gegenteil eine eigenständige Arbeit entstehen, die den Raum zu etwas Neuem formt. Diese Herausforderung empfinde ich regelmäßig als eine sehr große, die viel Vorbereitung, Vorstellungsvermögen und Umsetzungskraft erfordert.

Einige Male habe ich mich diesem Problem nun schon erfolgreich gestellt, und es entstand der Wunsch, dies auch im Rahmen einer Publikation zu dokumentieren.

2023 wurde ich von Raimund Stecker eingeladen, mich der provokanten Architektur der Wuppertaler CAMPUSHALLE zu stellen. Nach eingehender Planung gelang die Umsetzung der Ausstellung „Allzeit wache Möglichkeiten" in Zusammenarbeit mit der Galerie Löhrl und gab mir nun die Gelegenheit, aus Wünschen Taten werden zu lassen.

- Dirk Salz

Preamble

When I am asked, I always say that I see my artistic work primarily as painting, even if I like to and passionately examine the increasingly blurred boundaries between objects, sculptures and installations. Eventually, I am always concerned with perception and reality and what our mind and reason make of it. Actually, it is always about light and space – but typically in relation to a picture object.

On occasion, I have had the opportunity to intervene and reshape an entire room – infrequently, however, because I rarely looked for the opportunity, as I always felt very comfortable and safe within the limited framework of a picture object. The fact that this is the case is also related to my own standards, which, in relation to the focus of my work, always demand an optimal result for me, meaning one that also creates relevance, particularly in the viewer's perception.

Based on this standard, it is not enough to simply scale up existing artistic concepts. On the contrary, an independent work must be created that shapes the space into something new. I regularly find this challenge to be a very big one, requiring a lot of preparation, imagination and implementation power.

I have already successfully faced this problem several times, and the desire arose to document this in a publication.

In 2023, Raimund Stecker invited me to engage with the notable architecture of the CAMPUSHALLE in Wuppertal. After detailed planning, the exhibition *Allzeit wache Möglichkeiten* was successfully implemented in collaboration with Galerie Löhrl and gave me the opportunity to turn wishes into actions.

- Dirk Salz

Skizzen und Vorarbeiten

Sketches and Preliminary Studies

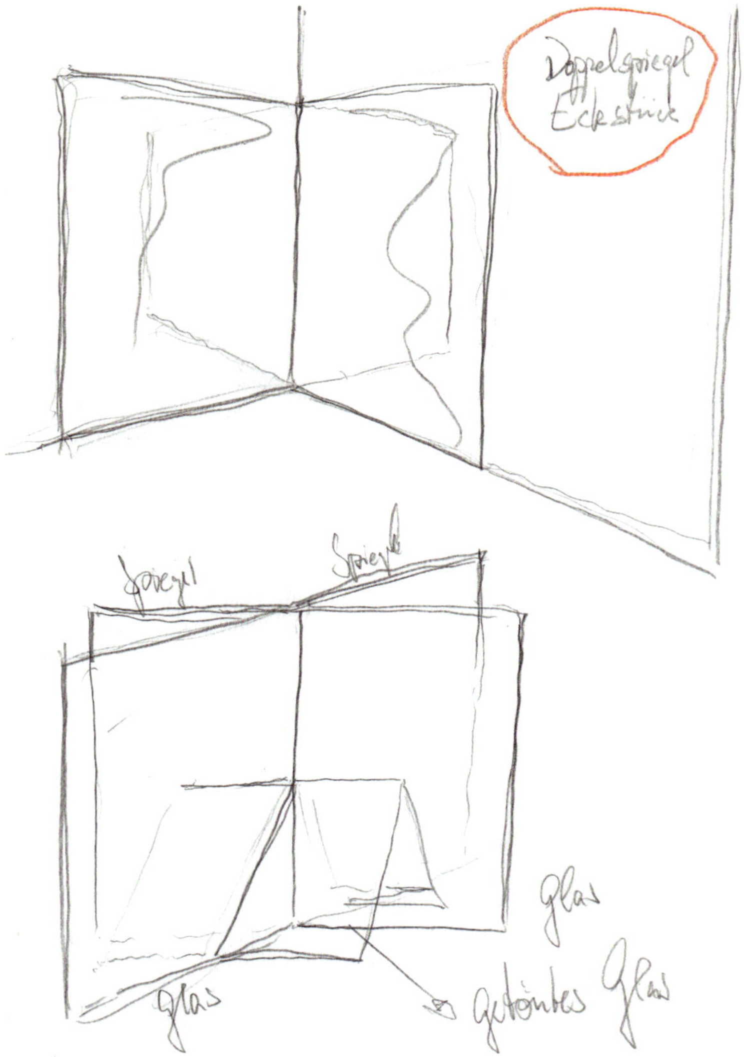

S./pp. 6–11: Auszüge aus dem Skizzenbuch zur Ausstellung / Extracts from the exhibition sketchbook

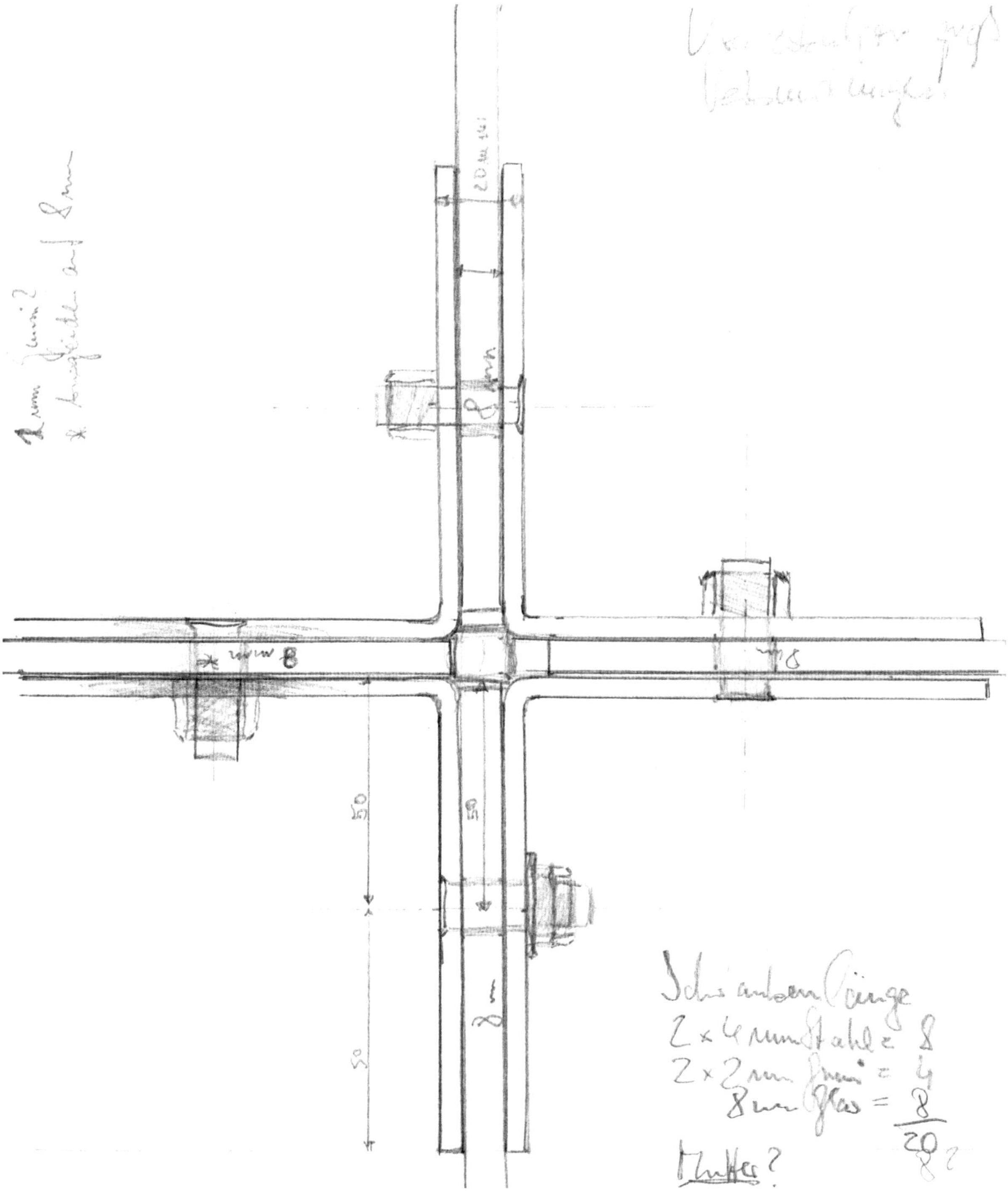
8 mm
50
50
2 x 4 mm Stahl = 8
2 x 2 mm Gummi = 4
8 mm Glas = 8
20

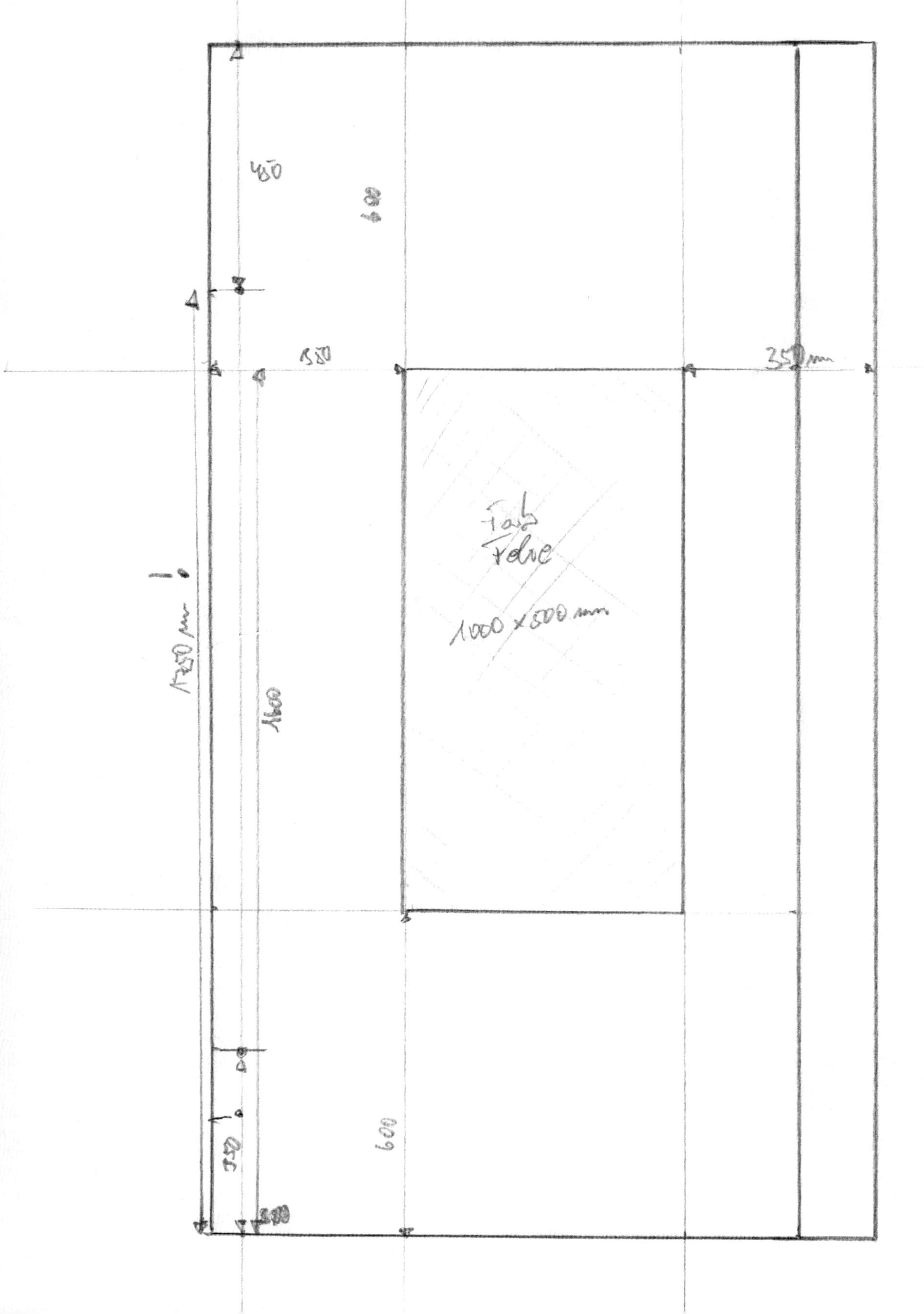
480
600
350
350 mm
1750 mm
1600
1000 x 500 mm
350
600

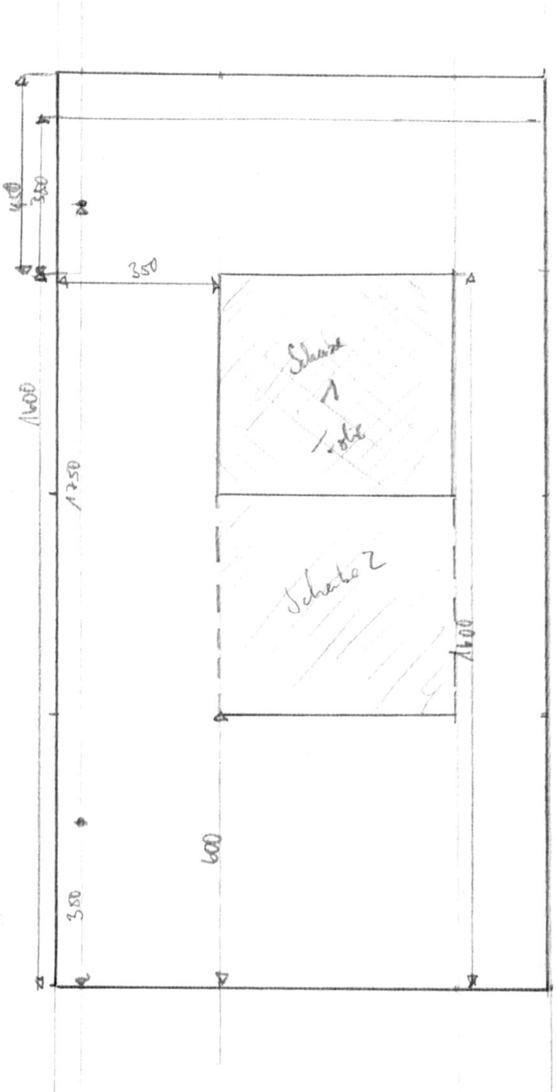
350
1600
1250
600
Scheibe 2

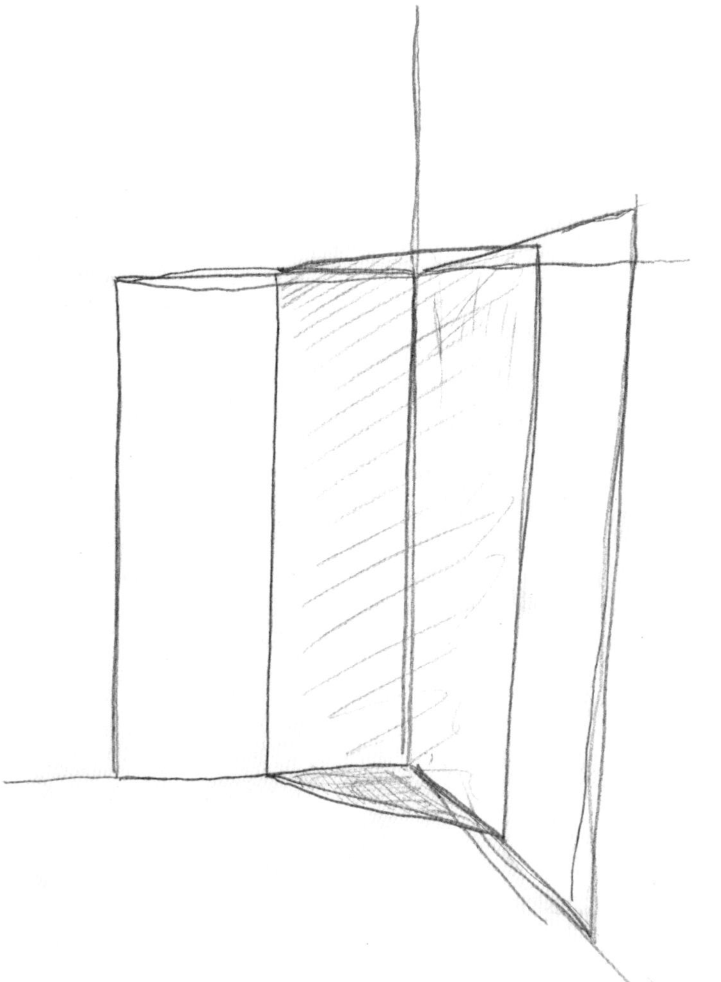

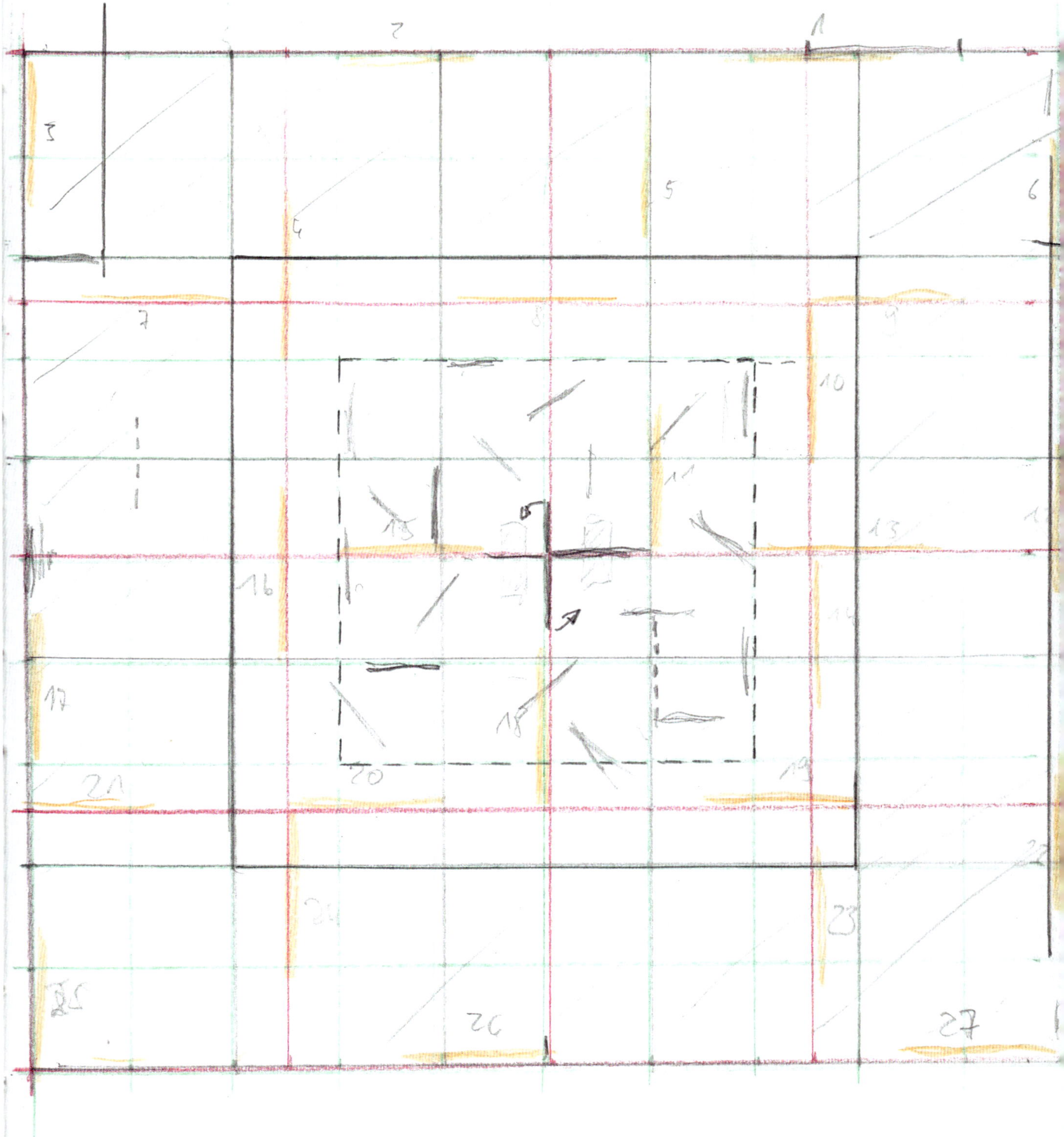
2
1
3
5
4
6
7
8
9
10
11
15
13
16
17
18
20
19
21
23
25
26
27

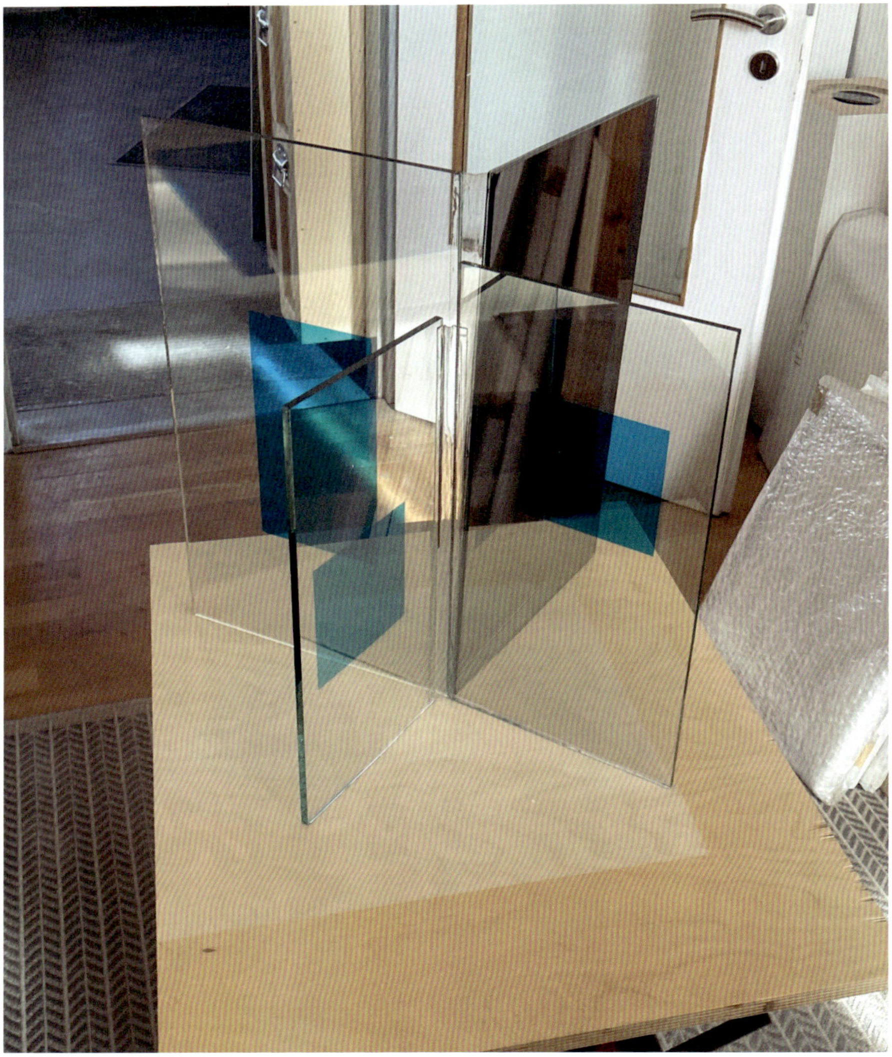

Oben: Modell des zentralen Kreuz-Objekts /
Above: Model of the central cross object

Rechts: Test der PVC Folie im Atelier /
Right: Test of the PVC screens at the studio

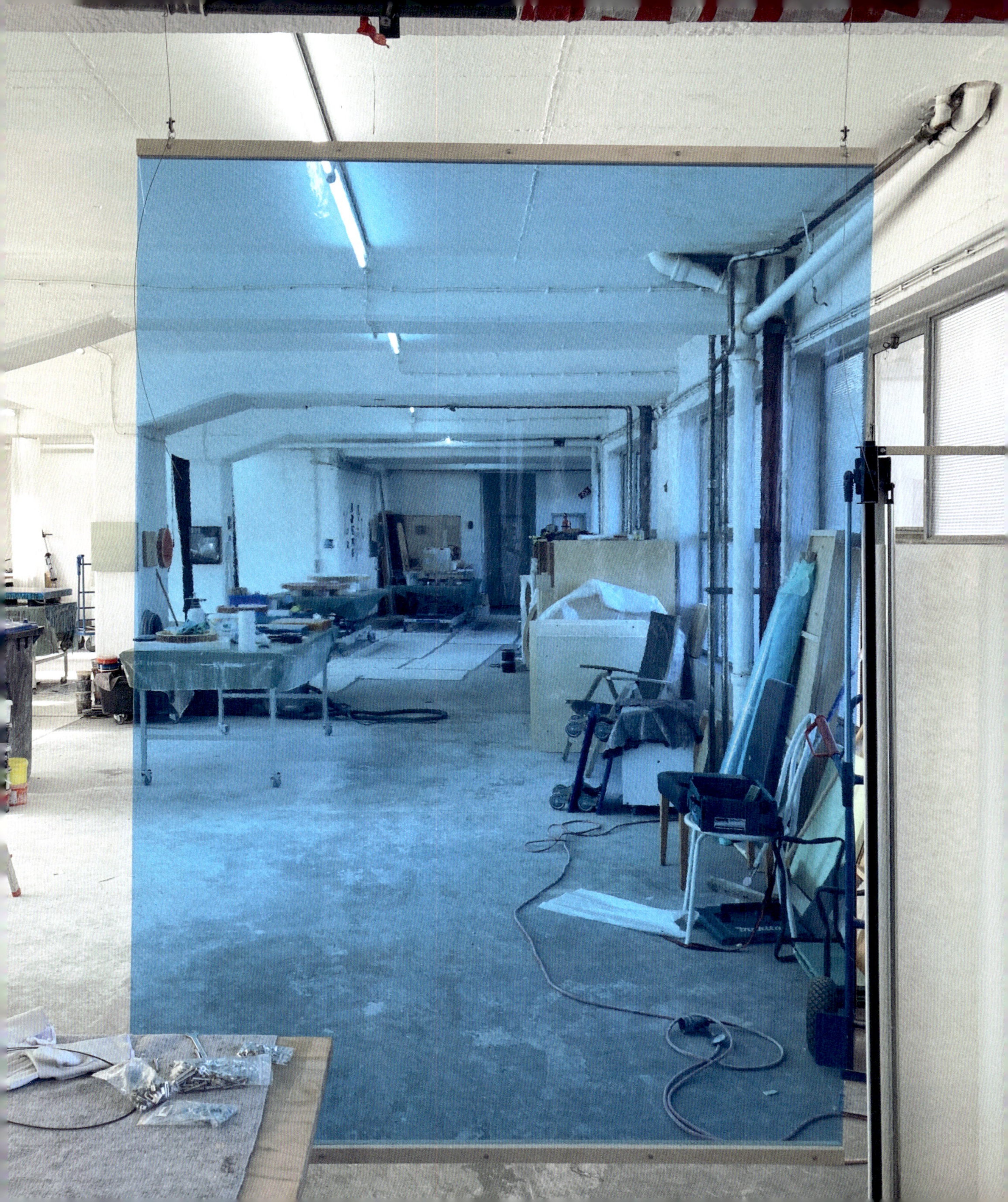

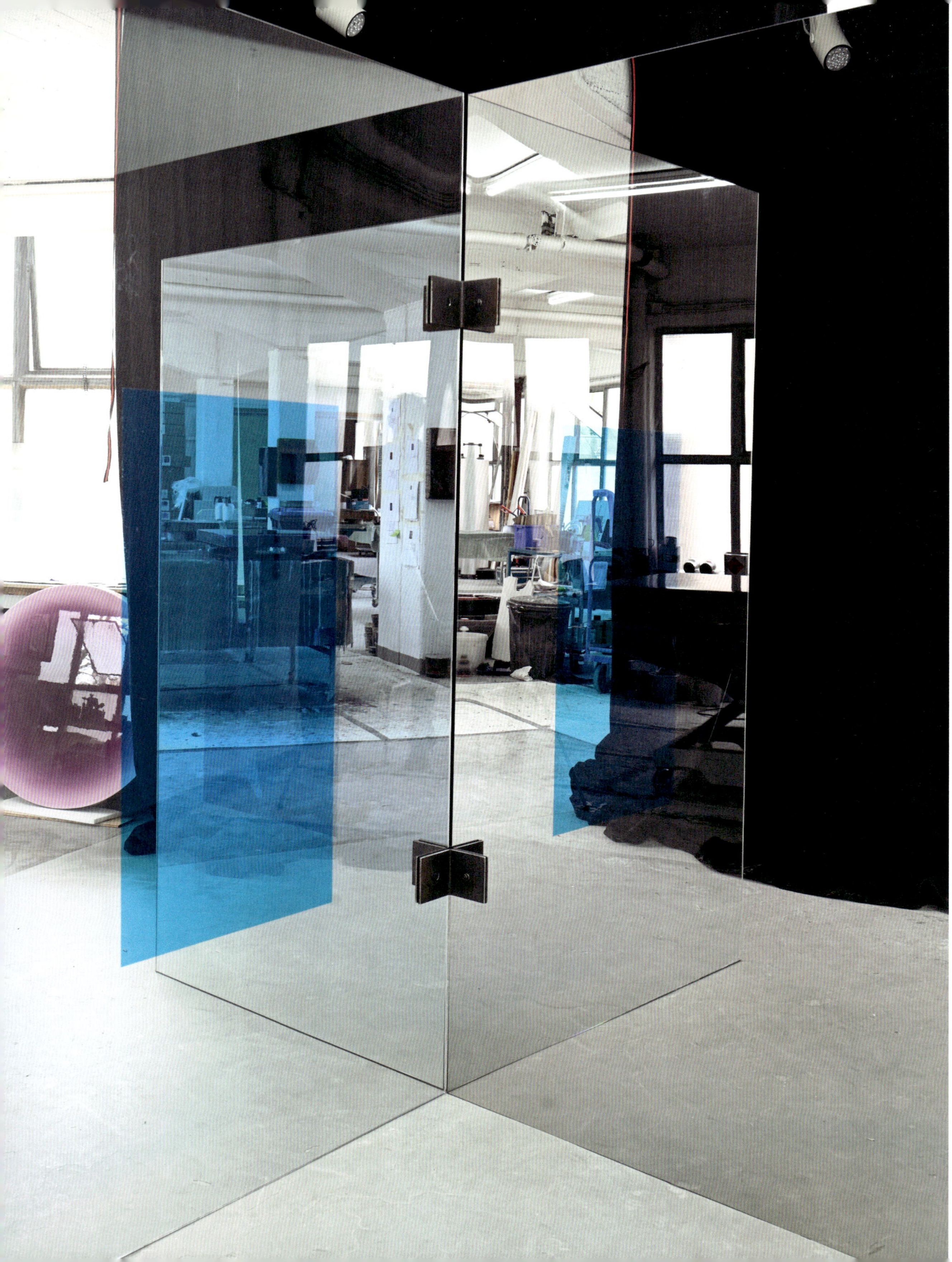

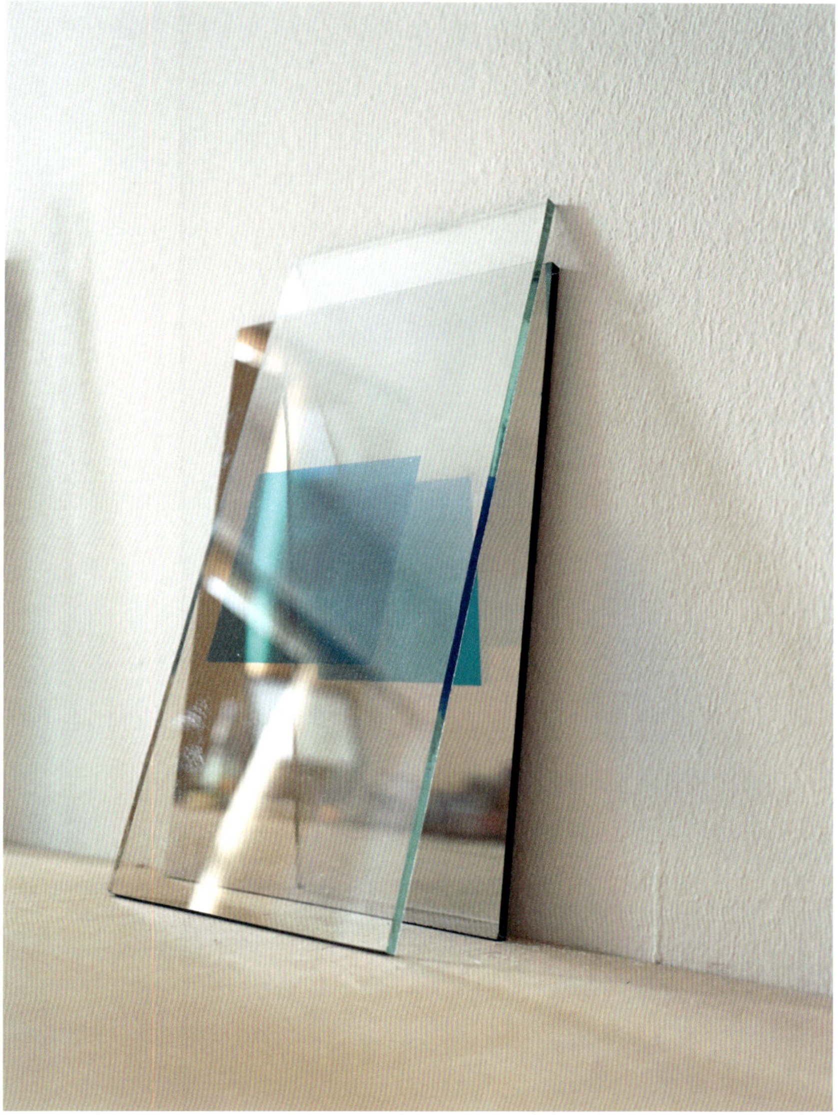

Oben: Modell für ein Glas-Objekt /
Above: Model of a glass object

Links: Test Verwirrspiel zentrales Kreuz-Objekt im Atelier /
Left: Test confusion play with the central cross object at the studio

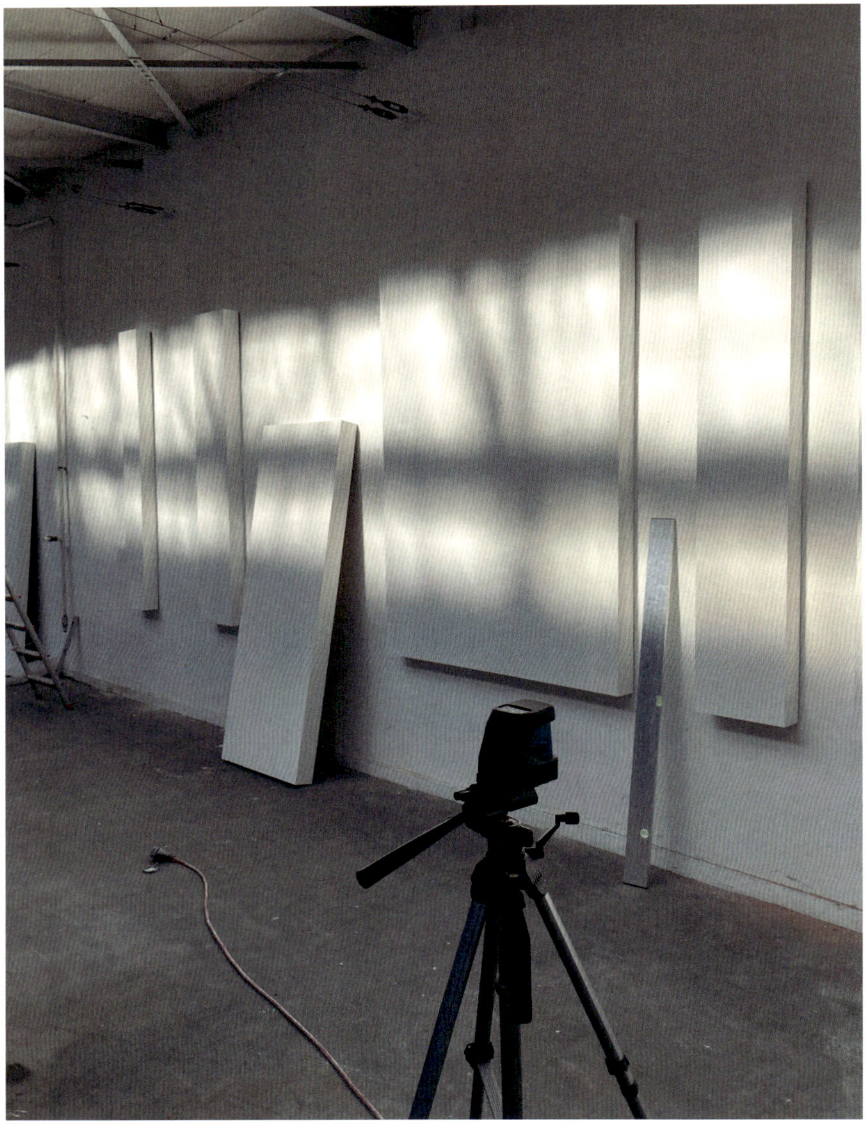

Oben und rechts: Aufbau der Ausstellung /
Above and right: Installation of the exhibition

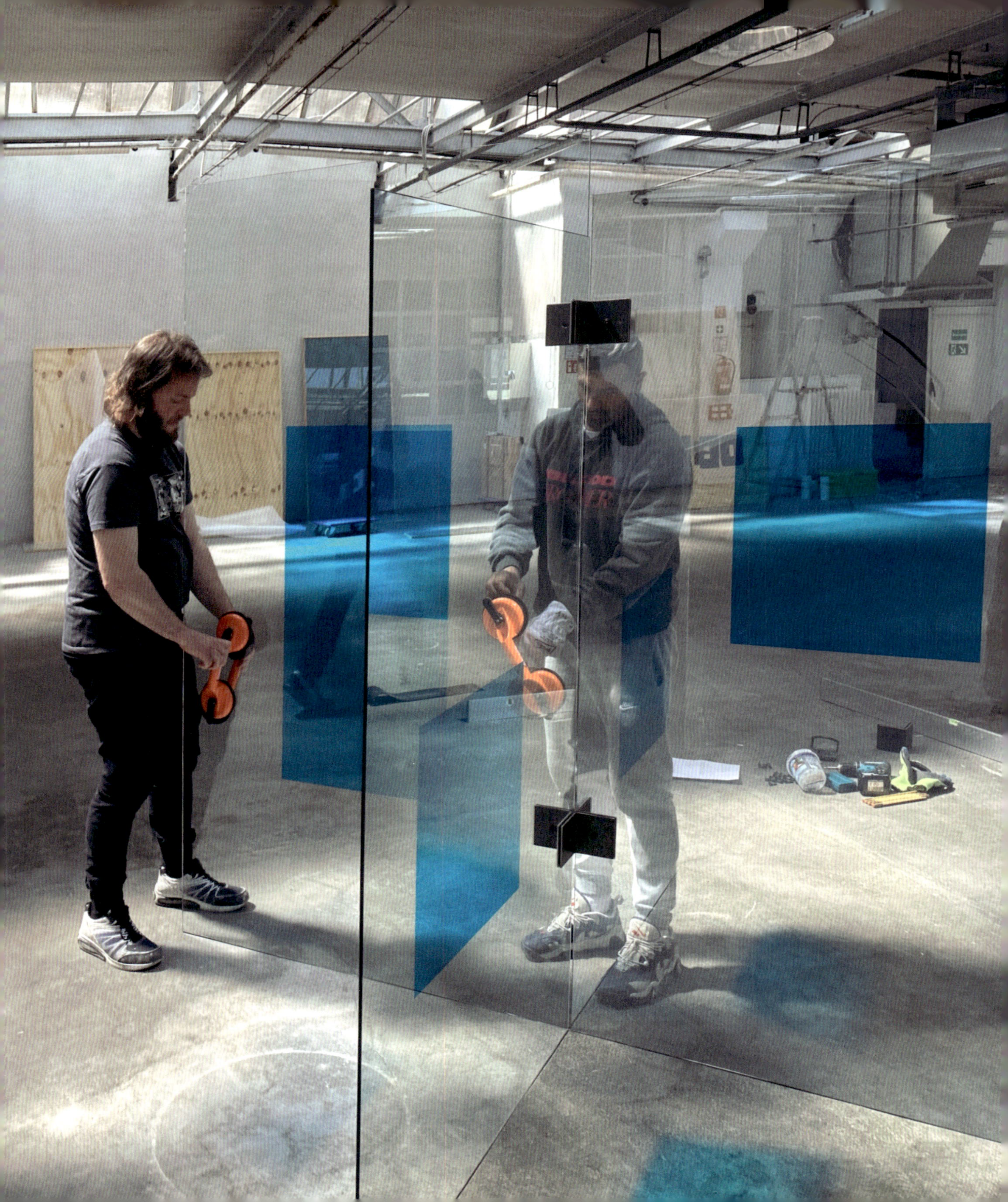

S./pp. 20/21

Installation CAMPUSHALLE, HBK, Wuppertal 2023

Ca. 2000 x 2000 x 450 cm
PVC Folie, Holz, Glas, Stahl, Spiegel, Zwei-Wege-Spiegel und farbige Klebefolie /
PVC screens, wood, glass, steel, one-way mirrors, two-way mirrors and coloured adhesive foil

Allzeit wache Möglichkeiten

A Never-ending Enchantment

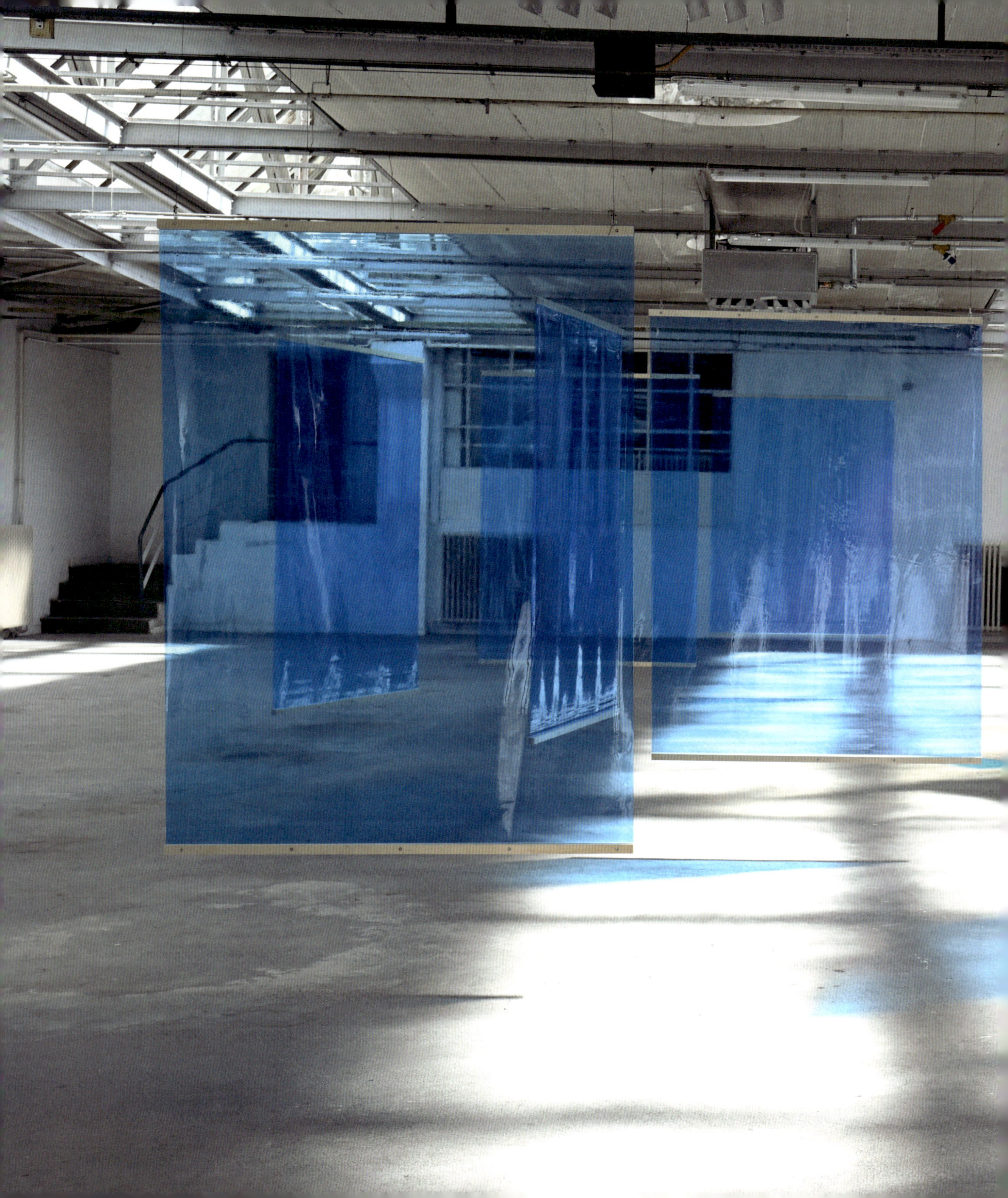

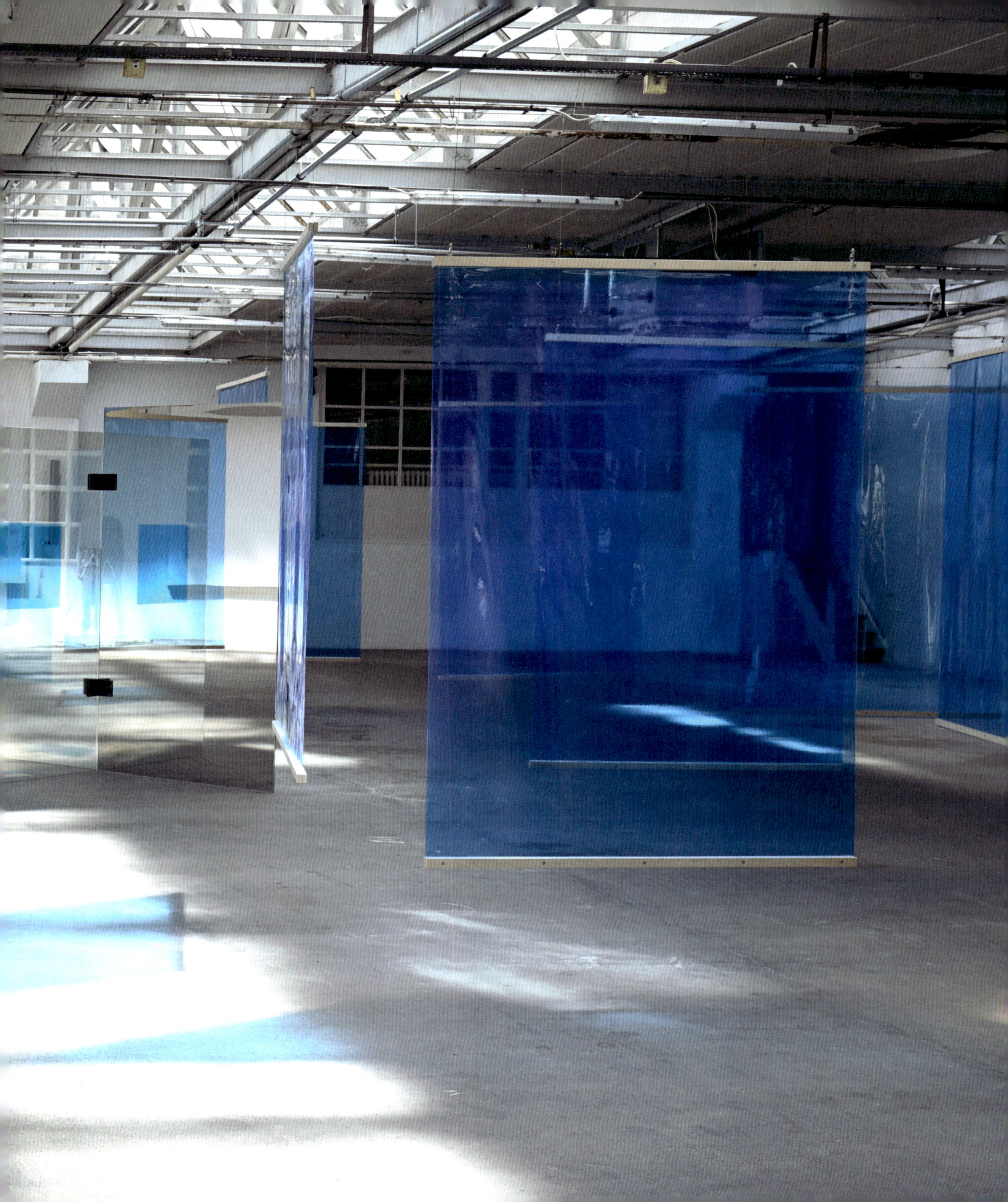

Wenn Räume als Erfahrungsmotive wie Bilder gebaut werden, werden Bilder zu Vorbildern und zugleich zu deren Nachbildern

Wie Dirk Salz mit seinem Wuppertaler Raum in seine Bilder eintritt

Bilder bergen eigentlich immer räumliche Illusionen. Und das selbst dann, wenn sie ihre faktische Flächigkeit als genuinen Bildwert identisch mit sich selbst zu exponieren versuchen. Keine faktisch eben-monochrome Fläche wirkt auch monochrom und eben, ebenso wenig wie eine täuschend entwölbte.

Räume hingegen sind – und als solche zumindest illusionsfrei – räumlich! Sie sind räumlich im dreidimensionalen Sinne und um den Faktor Zeit erweitert sogar im vierdimensionalen, wenn nicht gar aufgrund des sehenden und suchenden, forschenden und hinterfragenden, bewusst wahrnehmenden und immer wieder überraschten Sehens faktisch polydimensional.

Räume können so auch Bilder illusionieren, ja hervorrufen, katalysieren. Räume bieten unserem Sehen erst die Schnittflächen durch unsere doppel-monokularen Sehpyramiden und so die Projektionsflächen in unseren Raumsichten.

So weit kursorisch der theoretische Hintergrund zu dem 2023 immer wieder Sehüberraschungen geboten habenden Erlebnisraum von Dirk Salz in der CAMPUSHALLE in Wuppertal. Der Bildner hochkomplexer Bildkörper (siehe vom Autor, in: *Dirk Salz – Painting the Absolute)*[1] hatte sein Zweidimensionalität sublimierendes Metier verlassen und war in die höchsten Niederungen talgipfelräumlicher (sic) Faktizitäten hineingestiegen, wissend, dass den Scheitelpunkt überschreitend es immer nur bergab geht bis zum nächsten Wendepunkt – und so weiter und so weiter …

Man schaute in der CAMPUSHALLE nach links und sah zeitgleich nach vorn, man fokussierte ein Hinten und blickte, ohne sich zu wenden, in die rechte Ecke, man wähnte sich vor dem Einspiegel und sah sich hinter ihn ausgespiegelt … Durchblicke wurden spiegelnd gestoppt und Spiegelbilder durch Transparenz entsiegelt. Halt und Stand wurden gleichsam verwässert und zugleich polyfokale Perspektiven zu

[1] Raimund Stecker: „Auf der Suche nach dem gelben Mauerstück. Zu den Bildern ohne Gewissheiten von Dirk Salz", dt./engl., in *PAINTING THE ABSOLUTE*, Kerber Verlag, Berlin/Bielefeld 2017, S. 53 ff.

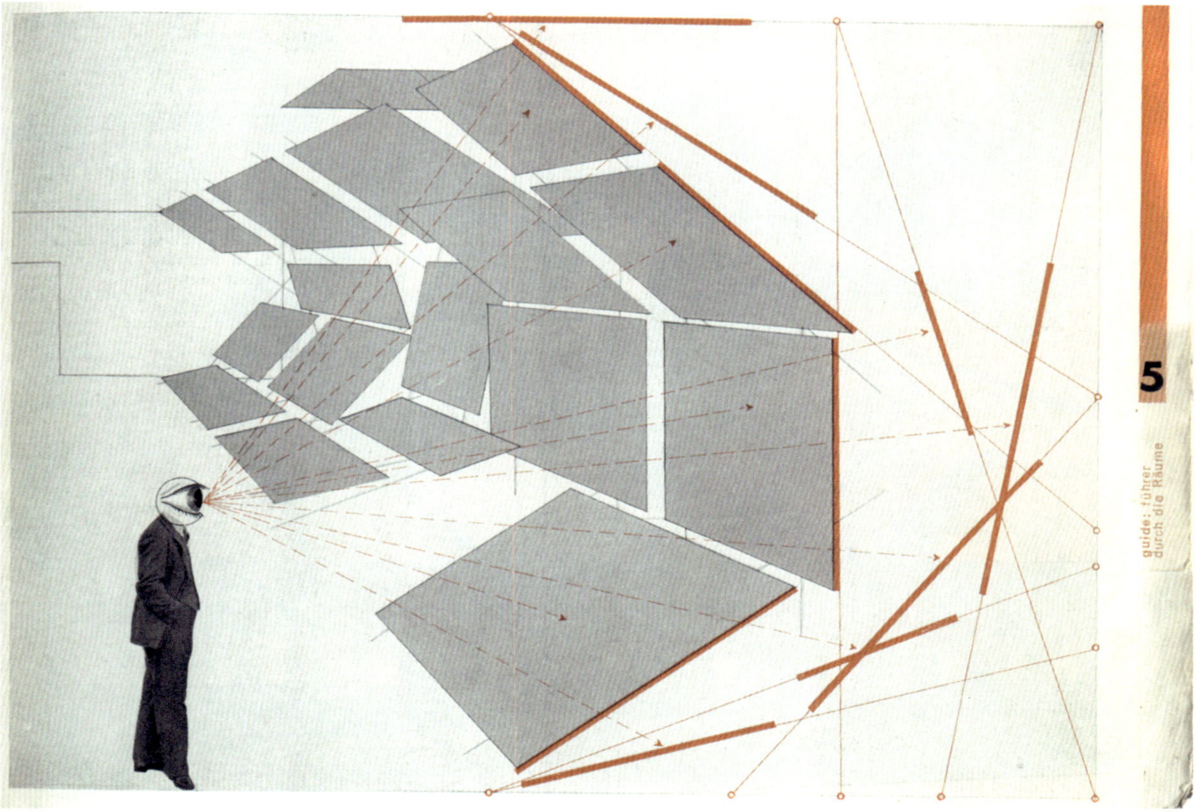

Herbert Bayer: Extended field of vision in *Section Allemande*, Verlag Hermann Reckendorf, Berlin 1930
Quelle / Source: Bauhaus-Archiv Berlin

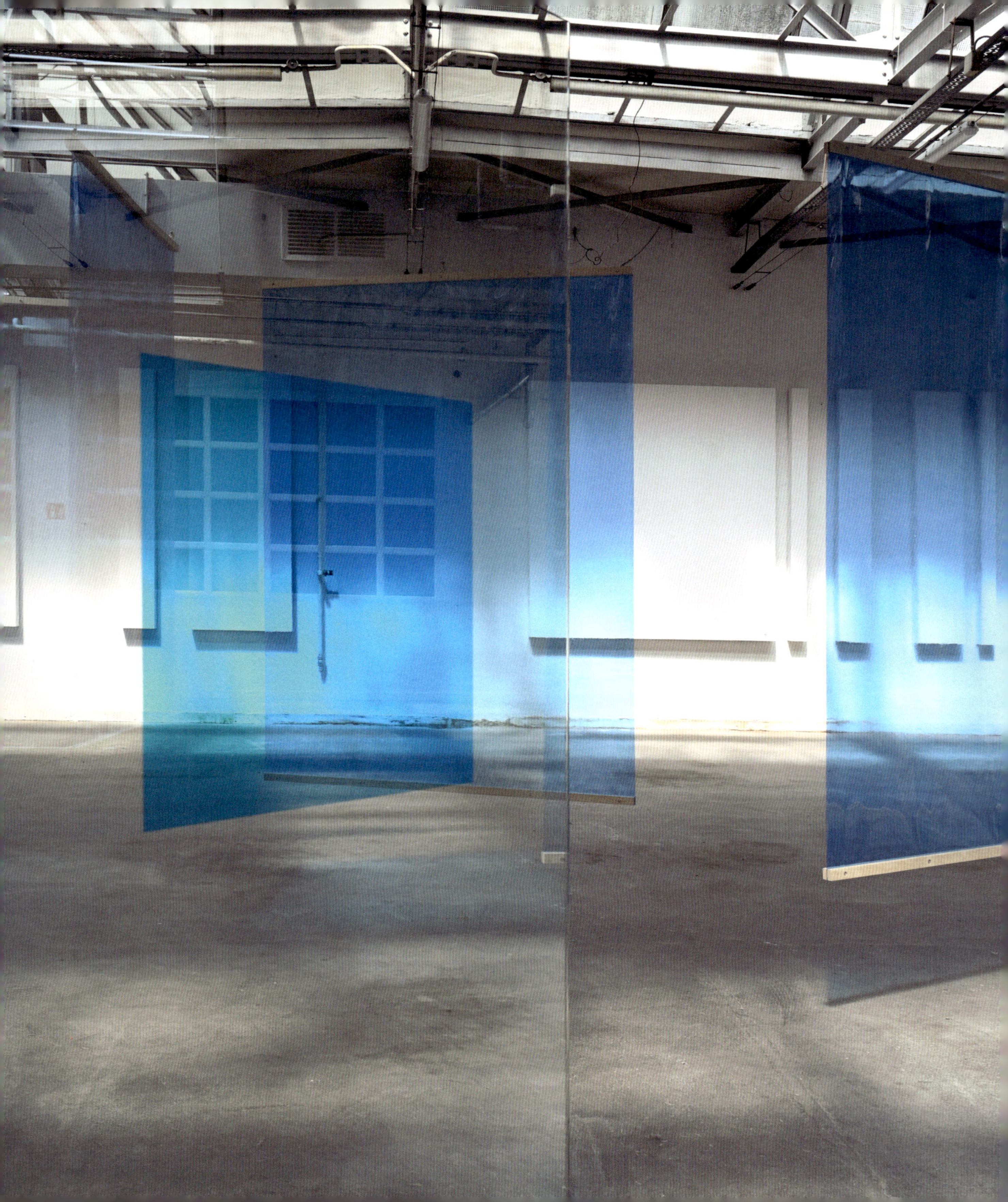

vermeintlichen Bildrahmen eingefroren … Im Kreise drehte sich, was sehend zu fixieren sich aufdrängte, im Kreise drehte sich, wer sich dessen zu vergewissern suchte.

Das deutsche Irre in Irritation kam zum fulminanten Aufscheinen und entschwand ebenso wirkmächtig wie das aufgetauchte VerwIRREnde, an dessen Wortfinale Ende steht. Zurückgebunden in eine gesicherte Standfestigkeit wurde man nur, indem man sich mit geschlossenen Augen kognitiv seines bloßen Stehens vergewisserte. Suchte man hingegen sich laufend sehend und sehend stehend wie laufend stehend oder gar stehend laufend auf sein „sehendes Sehen"(siehe Max Imdahl, in: *Bildautonomie und Wirklichkeit)*[2] zu verlassen, geriet man in die Gefahr, dass man seine physisch-psychische Orientierungssuche als psychisch-physische Versicherungshandlung verließ. Man begann zu ahnen, dass man die Welt dereinst doch nur in ein Verließ verlässt. Bis dahin aber gilt es – und sei es wie ein Hamster im Rad –, tunlichst sein Verlassensein rettend zu verlassen.

Dabei war faktisch materiell alles simpel. Man betrat die Campushalle. Als dominierende Attraktionen hingen raummittig rechteckig geschnittene blaue Folien im „guten" Fensterformat aus dem Sheddach. Zipcodeähnlich rapportierten weiße Bildstelen an den Wänden. Sie hoben visuell die industriehallenspröden Wandflächen auf. An die Wände geschichtete Glasscheiben, breit auf den Boden und gegen die Wände hin enger zugehend gestellt, entgrenzten die Gebäudedemarkationsflächen noch evidenter. Sie spiegelten die zentral hängenden Folien und mich als sie Betrachtenden ein und dematerialisierten die Wände für unser Auge. Und vier leicht überkörpergroße Glasflächen standen raumzentral auf dem industrieestrichrauen Boden. Ruhrgebietsübliche Ausstellungsästhetik im bergischen Wuppertal!

Jedoch – dem Ganzen wohnte ein nicht enden wollender Zauber inne. Schon die kristallin facettierten Bodenabschattungen der Folien in Blau erwirkten einen magischen Bodenentzug. Die sich sowohl in Helligkeit wie auch in Dunkelheit potenzierenden boden-parallelen Sichten steigerten diesen Sicherheitsverlust noch um ein Weiteres. Und auch die Tatsache – Tat-Sache! –, dass die weißen Bildstelen an den Wänden Halt bieten würden, erwies sich sehend halt als nur zu erdenkender Trug. Denn ihre ungleichen Breiten wurden in ihren faktischen Ungleichbreiten visuell so konterkariert, wie die zentral positionierten Glasflächen als skulpturaler Körper zwar eine räumliche Mitte behaupteten, diese allerdings visuell karussellhaft aktiviert camouflierten. Labyrinth, Geisterbahn, Spiegelkabinett …

---

[2] Max Imdahl, „Cézanne – Braque – Picasso / Zum Verhältnis zwischen Bildautonomie und Gegenstandssehen", in ders.: *Bildautonomie und Wirklichkeit – Zur theoretischen Begründung moderner Malerei,* Mäander-Kunstverlag, Mittenwald 1981, S. 9 ff.

Dirk Salz schritt mit seinem „Wuppertaler Raum" drei Schritte weit voraus, um nach weiteren Schritten hinter sich selbst (wieder) anzukommen. Er unternahm ein Experiment, das unvorhersehbar vorhersehbar aufging. Er schuf einen Raum wie Motive für seine „nur" imaginierbar zu begehenden Bilder. Er drehte auf diese Weise um, was seit der monokular sehpyramidal normativ gewordenen Sichtweise Usus ist. Wir haben uns daran gewöhnt, im Auge von Künstlern auf deren Sozius mitzusehen, also die ganze Welt strahlengebündelt in unserem Wahrnehmungsorgan konzentriert sammelnd abzubilden. Dirk Salz stellte uns in Wuppertal in diese Welt – in die, die es erst noch zu sehen, wahrzunehmen und nicht „nur" als bildlich Gesehenes wiederzusehen gilt. Sein „Raum" in der Wuppertaler CAMPUSHALLE mutierte so zu einer nur an unser individuelles Erfahren überantworteten Realisierung seiner Bildmotivik. Und in der Umkehrung: Seinen bisher reinen, abbildbefreiten Bildern ist so gesehen seither auch ein Vorbildliches eingebildet, zu dem sich sein Wuppertaler Raum als imaginiertes Abbild verhält.

- Raimund Stecker

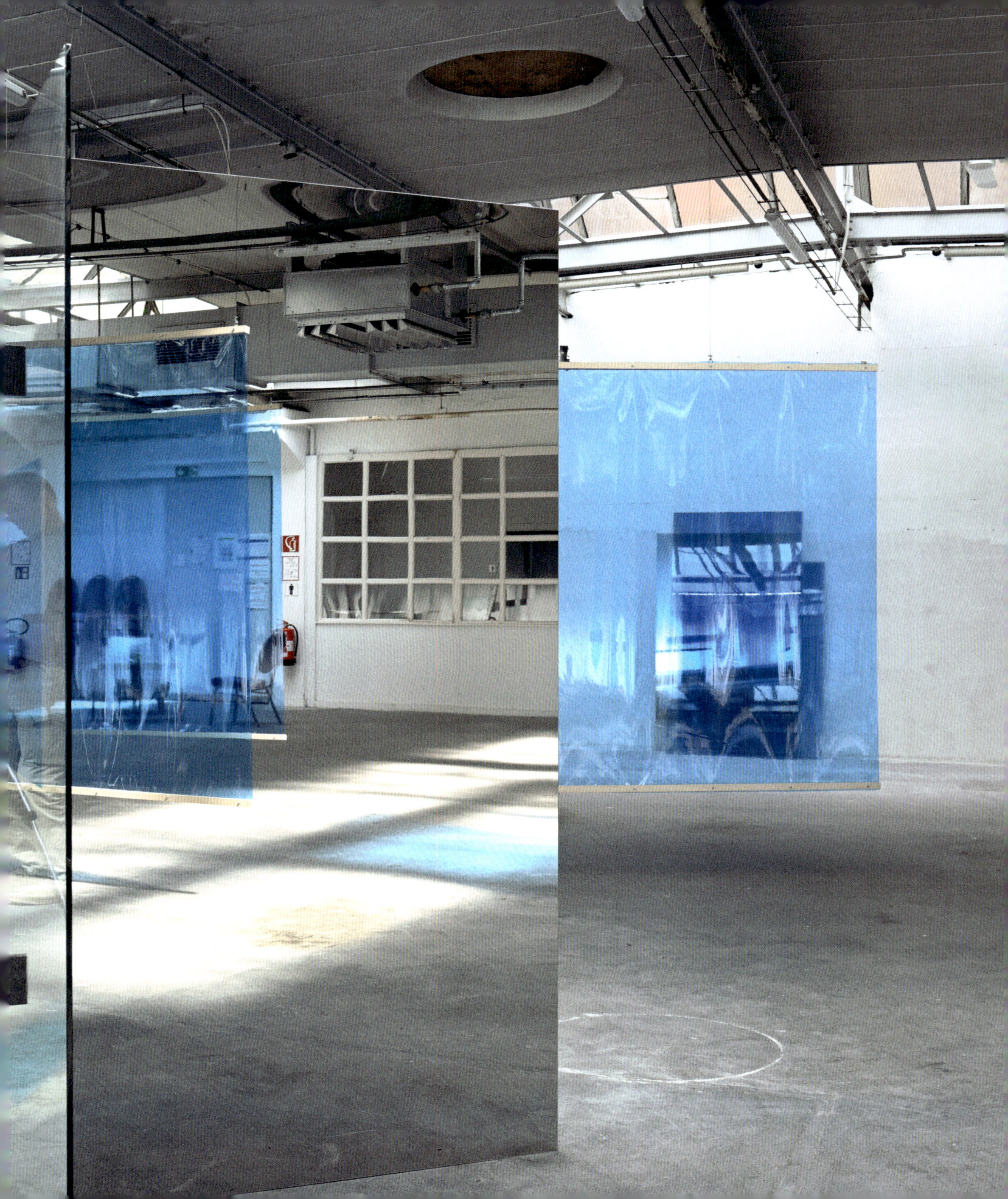

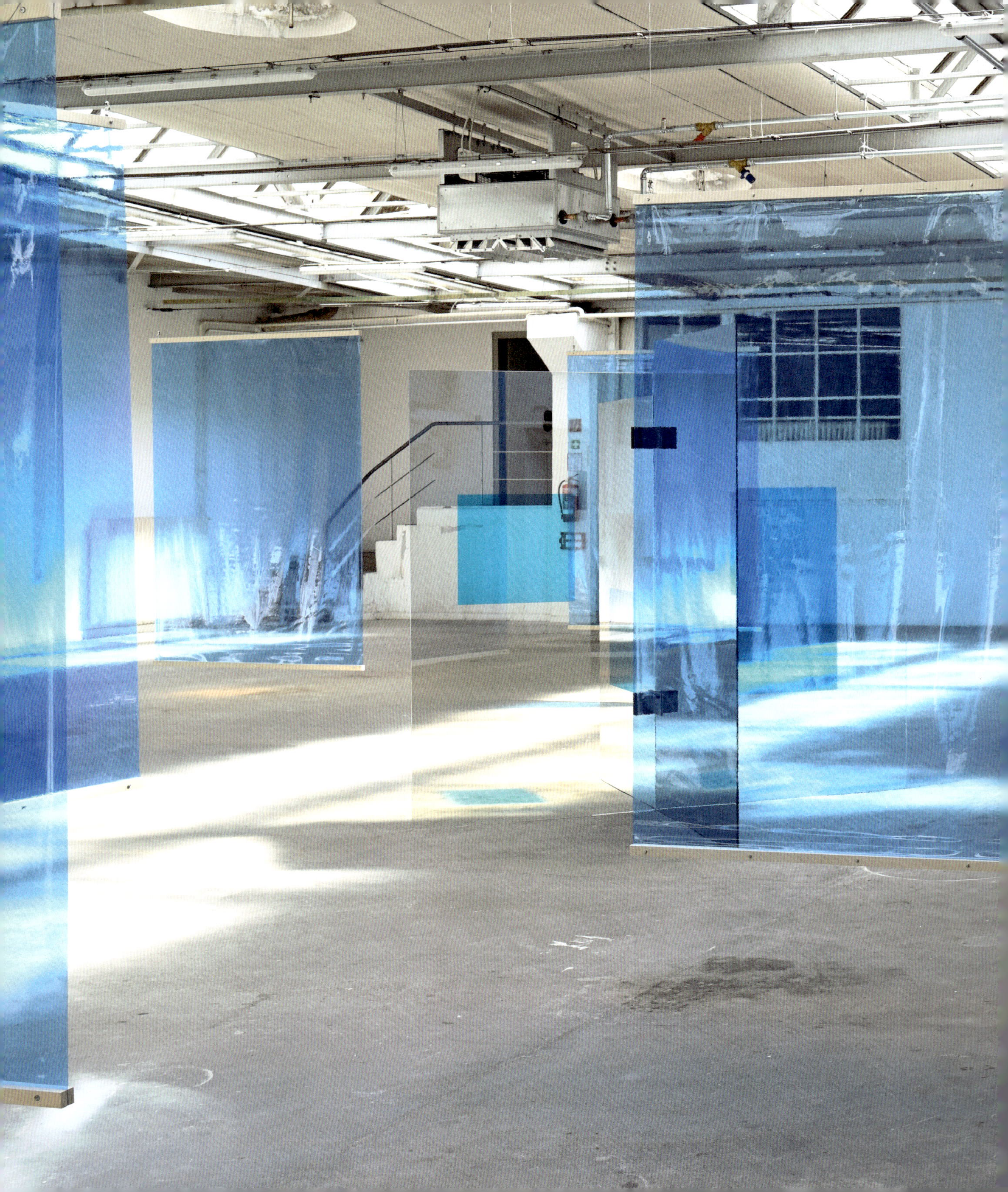

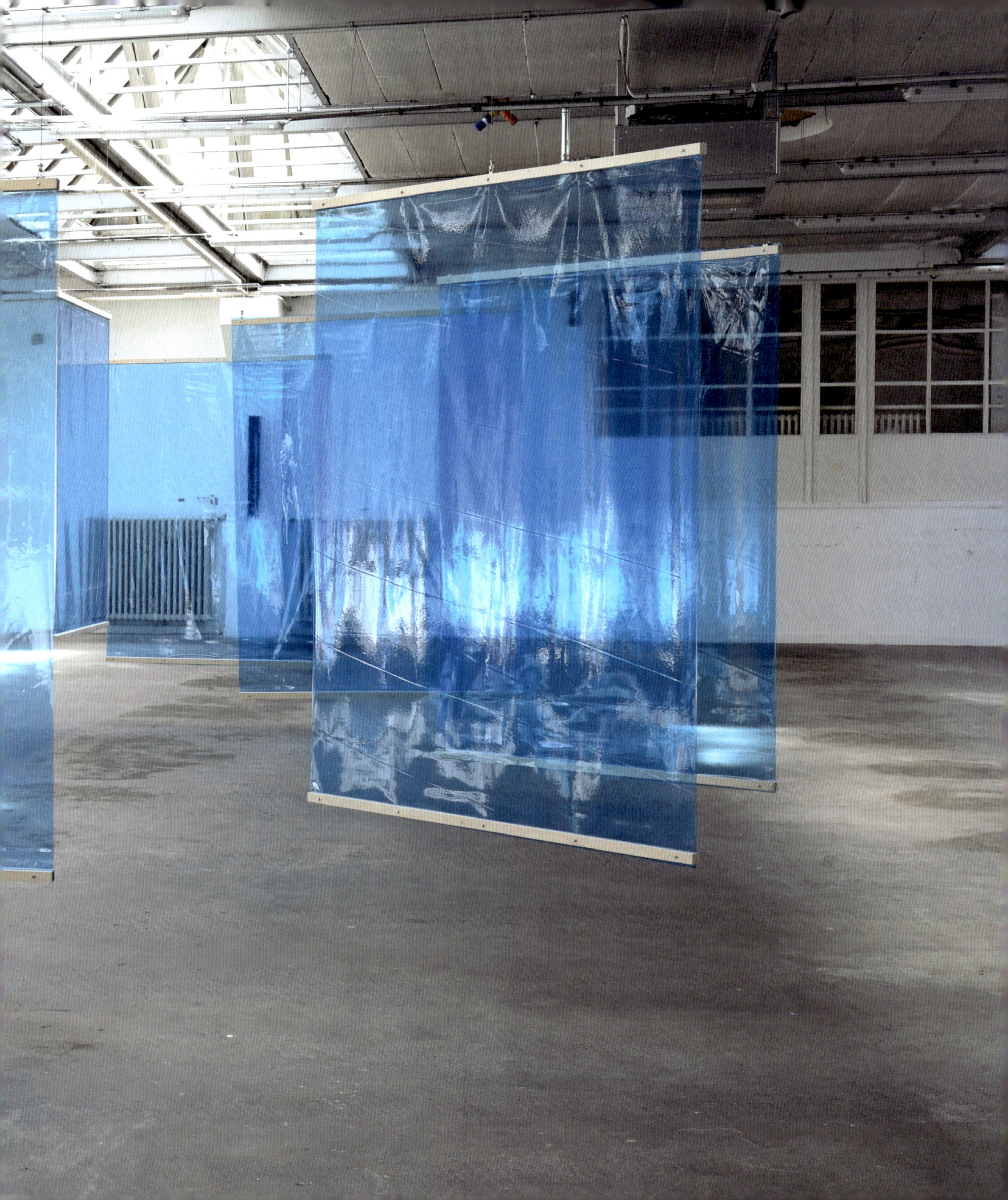

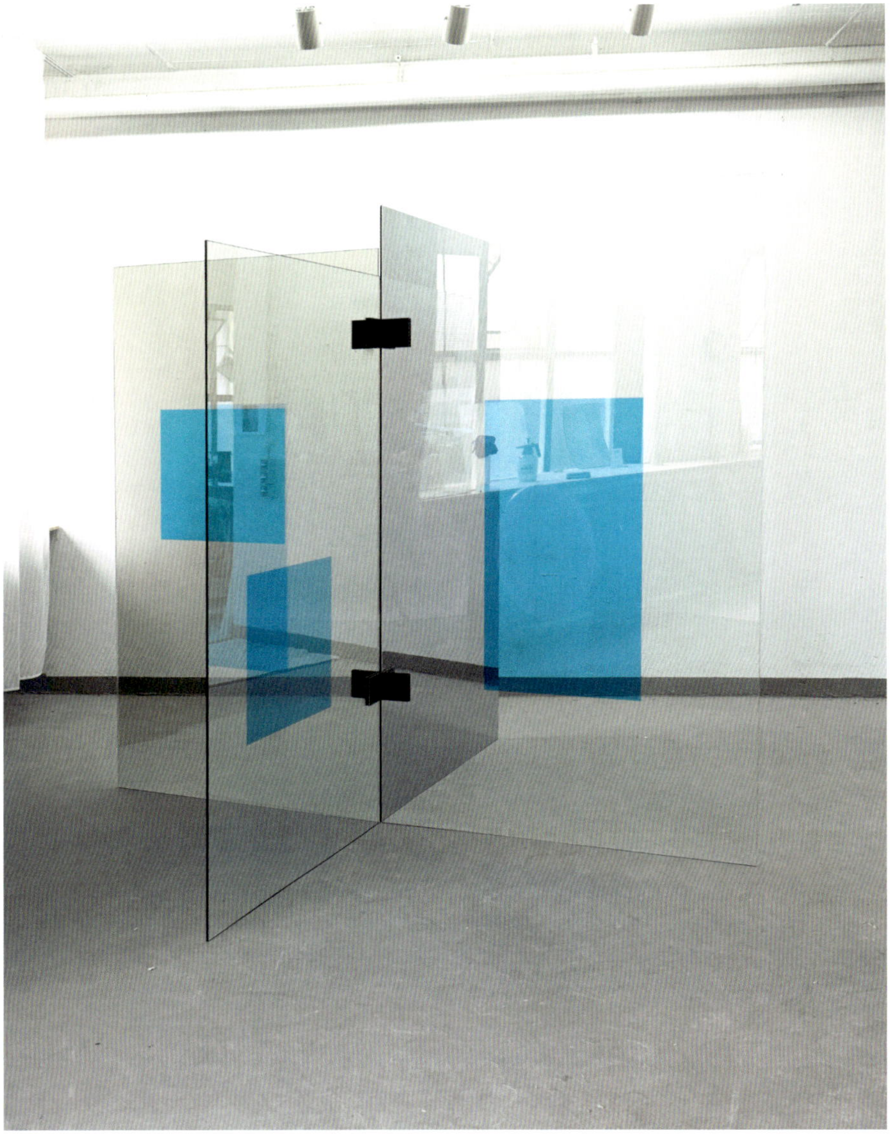

Oben: # S39, das zentrale Kreuz-Objekt – hier in entschlüsselter Ansicht im Atelier /
Above: # S39, the central cross object – here in a 'decrypted' view at the studio

Rechts: Was ist und was scheint zu sein? – zentrales Kreuz-Objekt in der Ausstellung /
Right: What is (real) and what seems to be? – central cross object at the exhibition

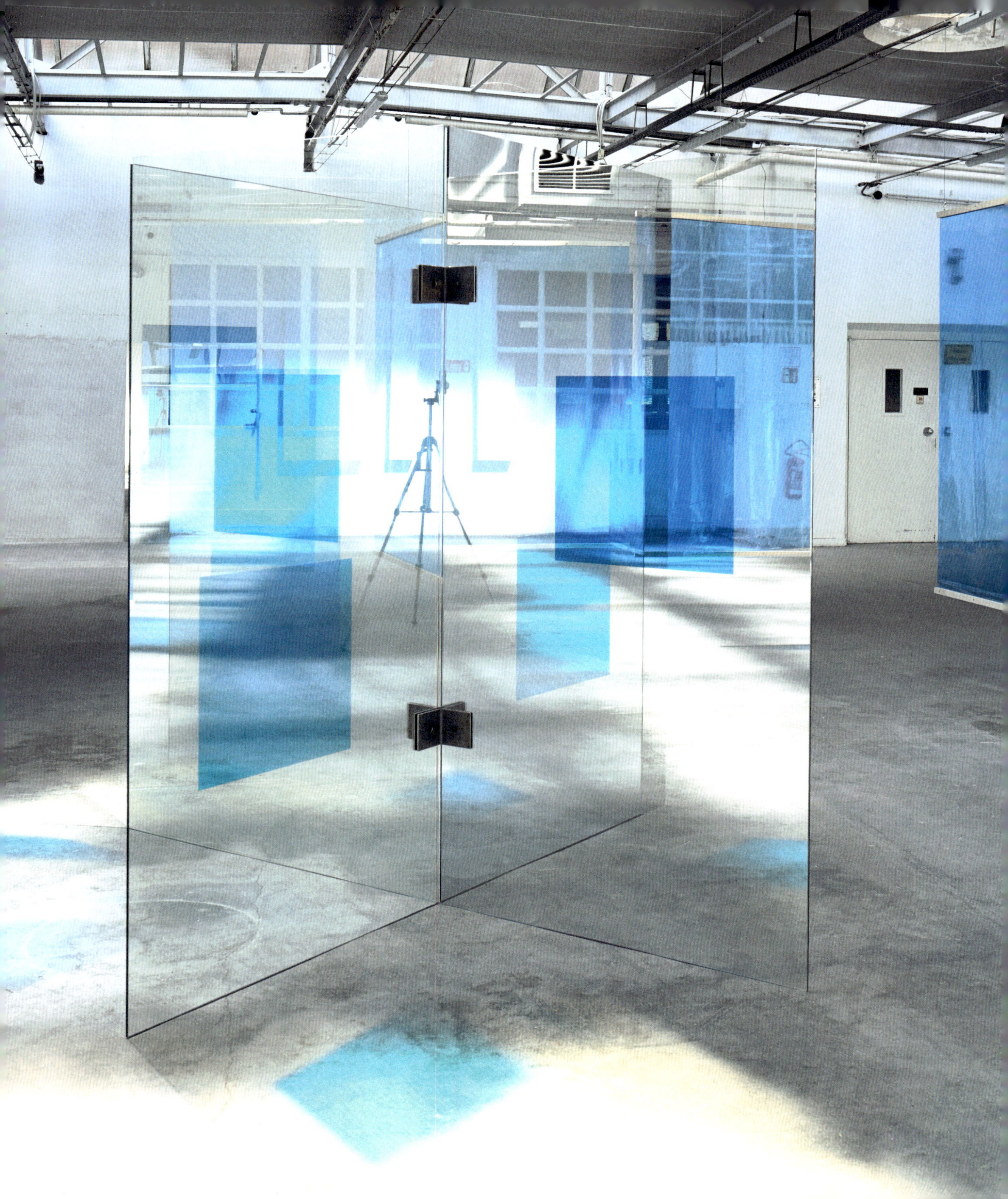

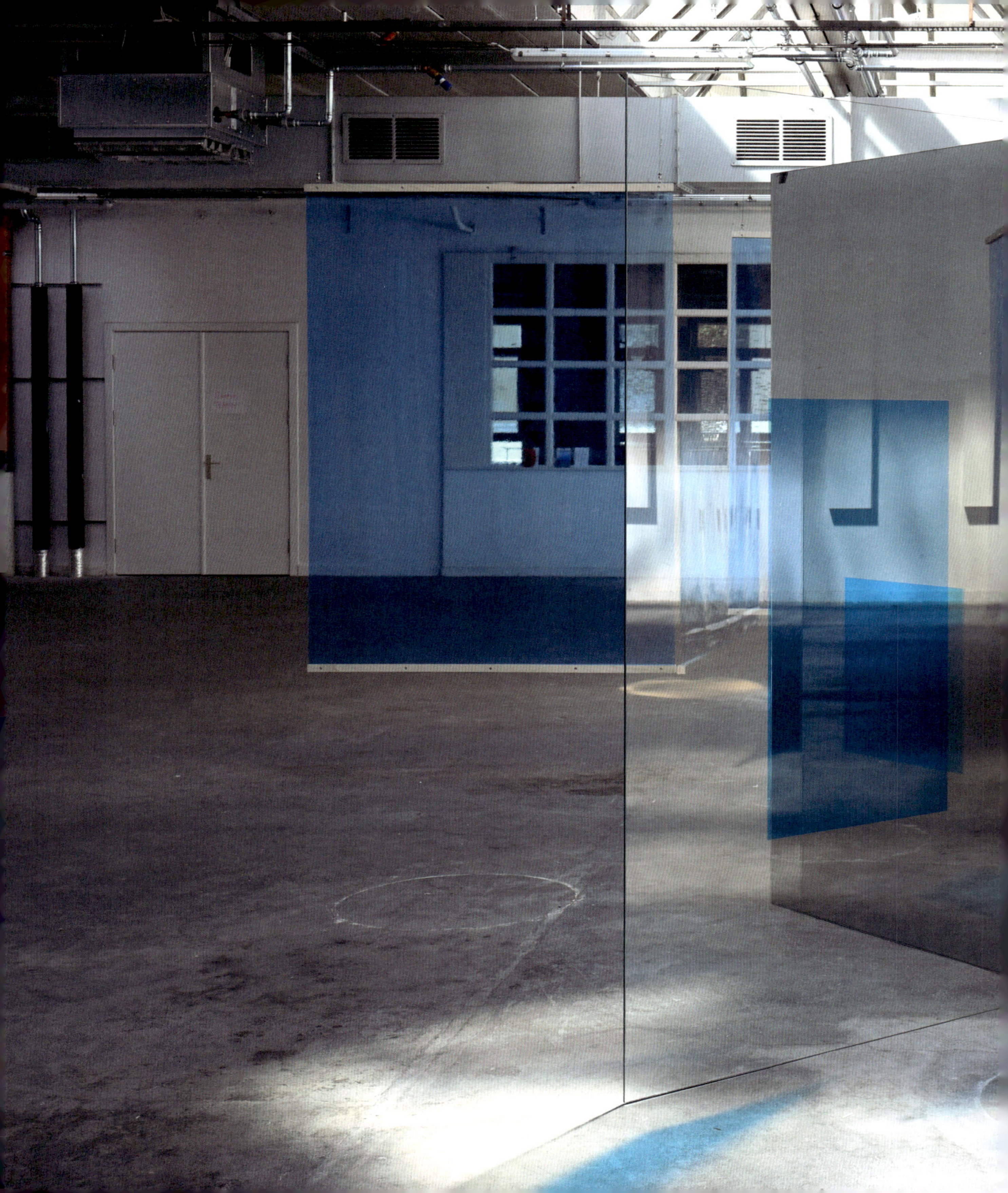

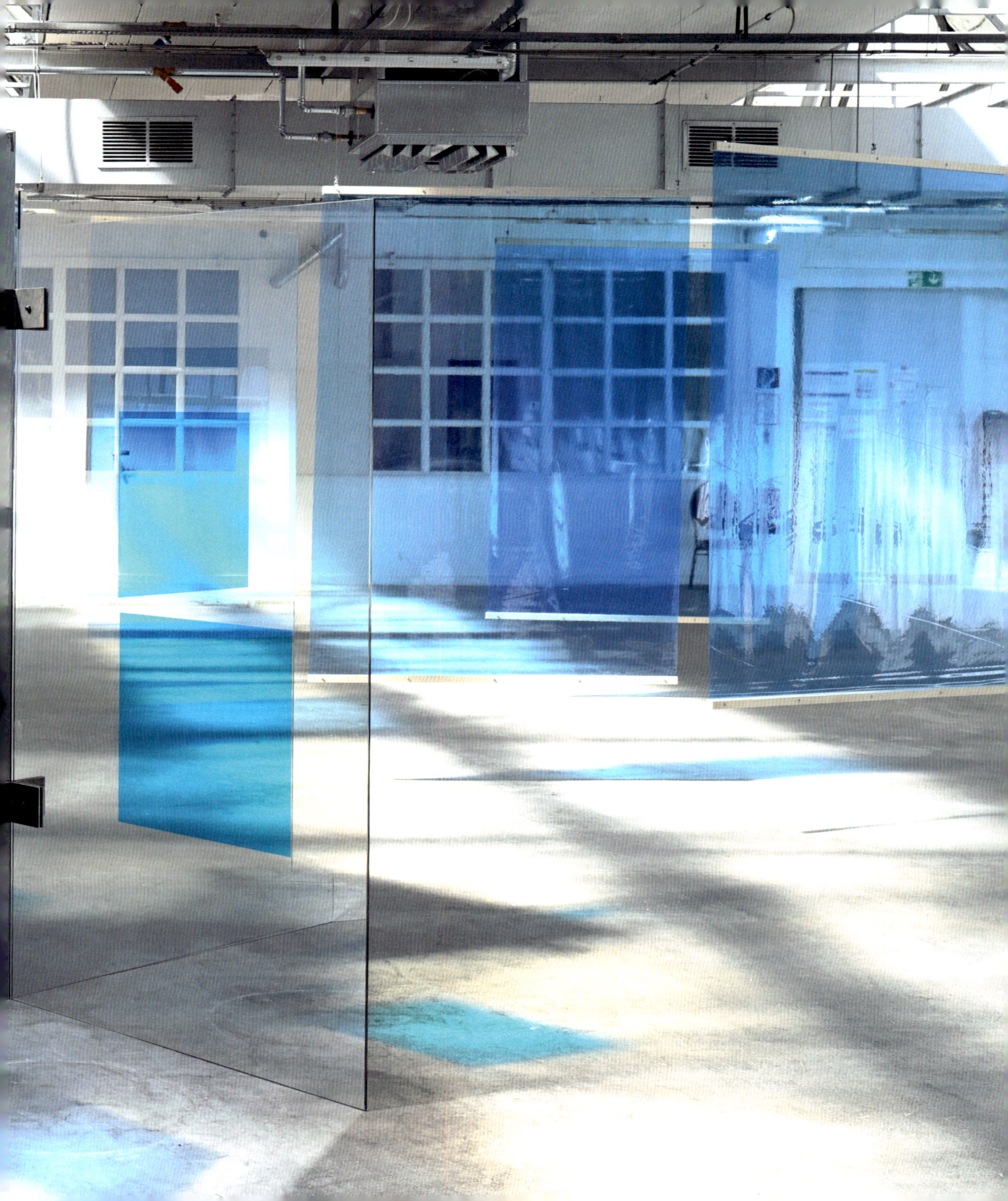

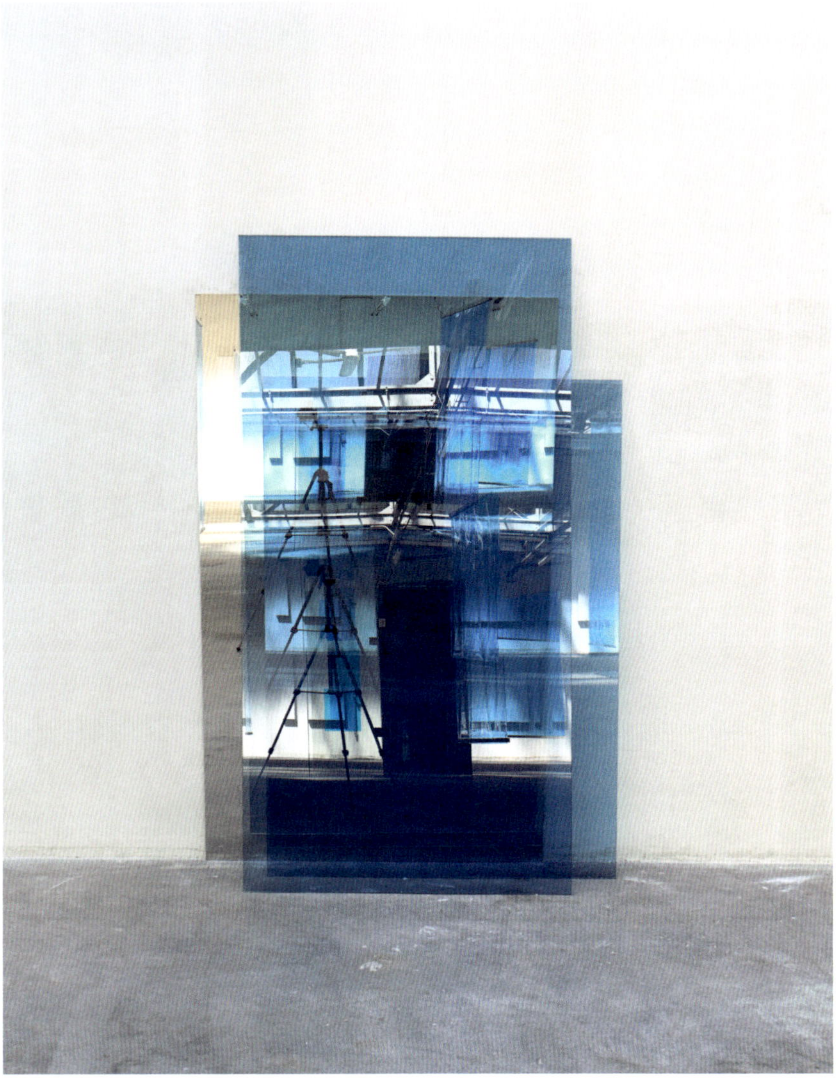

 # S37 I 2023 I 210 x 140 x 15 cm

Polierter Edelstahl und gefärbtes Glas /
Polished stainless steel and coloured glass

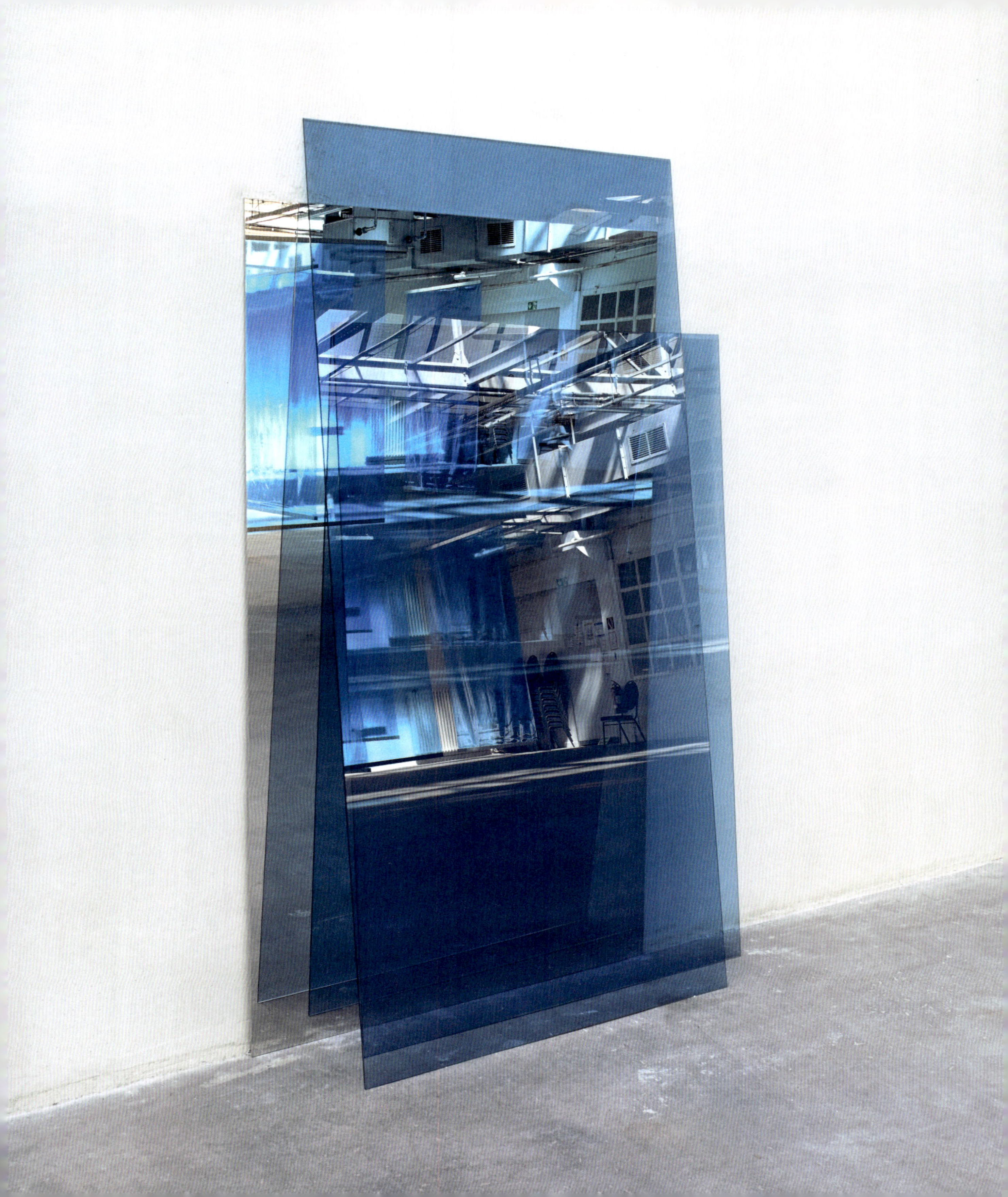

If spaces as experiential motifs are constructed like pictures, pictures become both models and their afterimages

How Dirk Salz enters his pictures with his Wuppertal Room

Pictures almost always harbour spatial illusions. This is true even when they attempt to expose their factual flatness as a genuine pictorial value identical to themselves. No factually flat monochrome surface appears truly monochrome and flat, and neither does any deceptively decurved one.

Spaces, on the other hand, are – and as such, at least without illusions – spatial! They are spatial in the three-dimensional sense and are extended by the factor of time in the four-dimensional sense, if not even factually poly-dimensional due to seeing and seeking, exploring and scrutinising, consciously perceiving and repeatedly surprised viewing.

Spaces can thus also create the illusion of images – can even evoke and catalyse them. It is spaces that offer our vision the intersecting surfaces through our double-monocular visual pyramids and thus the projection surfaces in our spatial perspectives.

So much for the cursory theoretical background to Dirk Salz's 2023 experiential space in the CAMPUSHALLE in Wuppertal, which continually offered visual surprises. The creator of highly complex pictorial bodies[1] had left his metier of sublimating two-dimensionality and ascended into the highest depths of valley-peak spatial factualities, knowing that once you pass the apex, the path is always downhill to the next turning point – and so on and so forth…

In the CAMPUSHALLE, you looked to the left while simultaneously looking ahead; you focused on the rear while, without turning, looking into the right-hand corner; you thought you were in front of the one-way mirror, yet saw yourself reflected behind it… Vistas were stopped by reflection, and mirror images were unsealed by transparency. Stability and footing were diluted, as it were, and at the same time,

[1] Raimund Stecker, 'Searching for the Little Patch of Yellow Wall. On painted pictures without certainties by Dirk Salz', in: *PAINTING THE ABSOLUTE*, Kerber Verlag, Berlin/Bielefeld 2017, p. 53 ff.

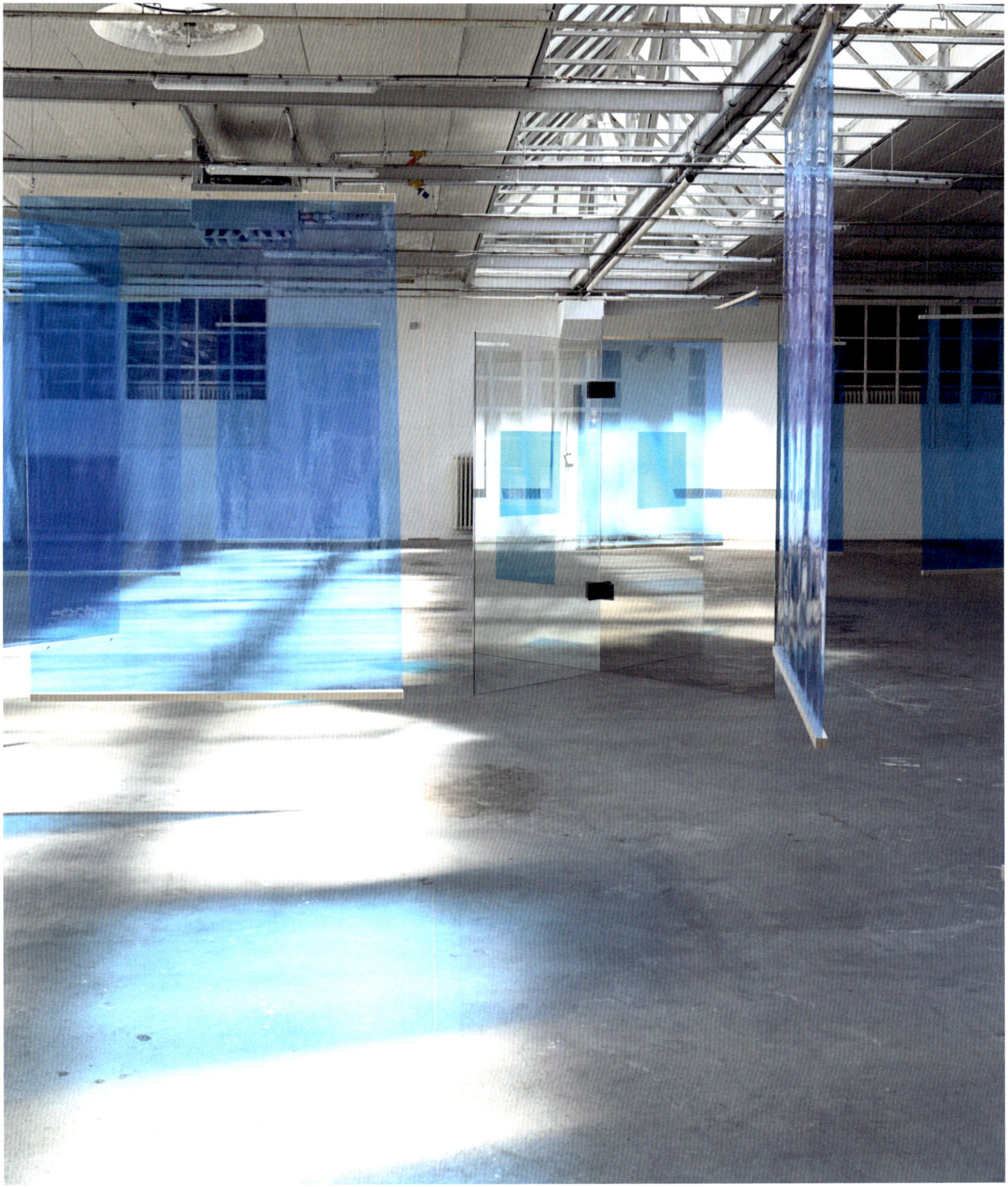

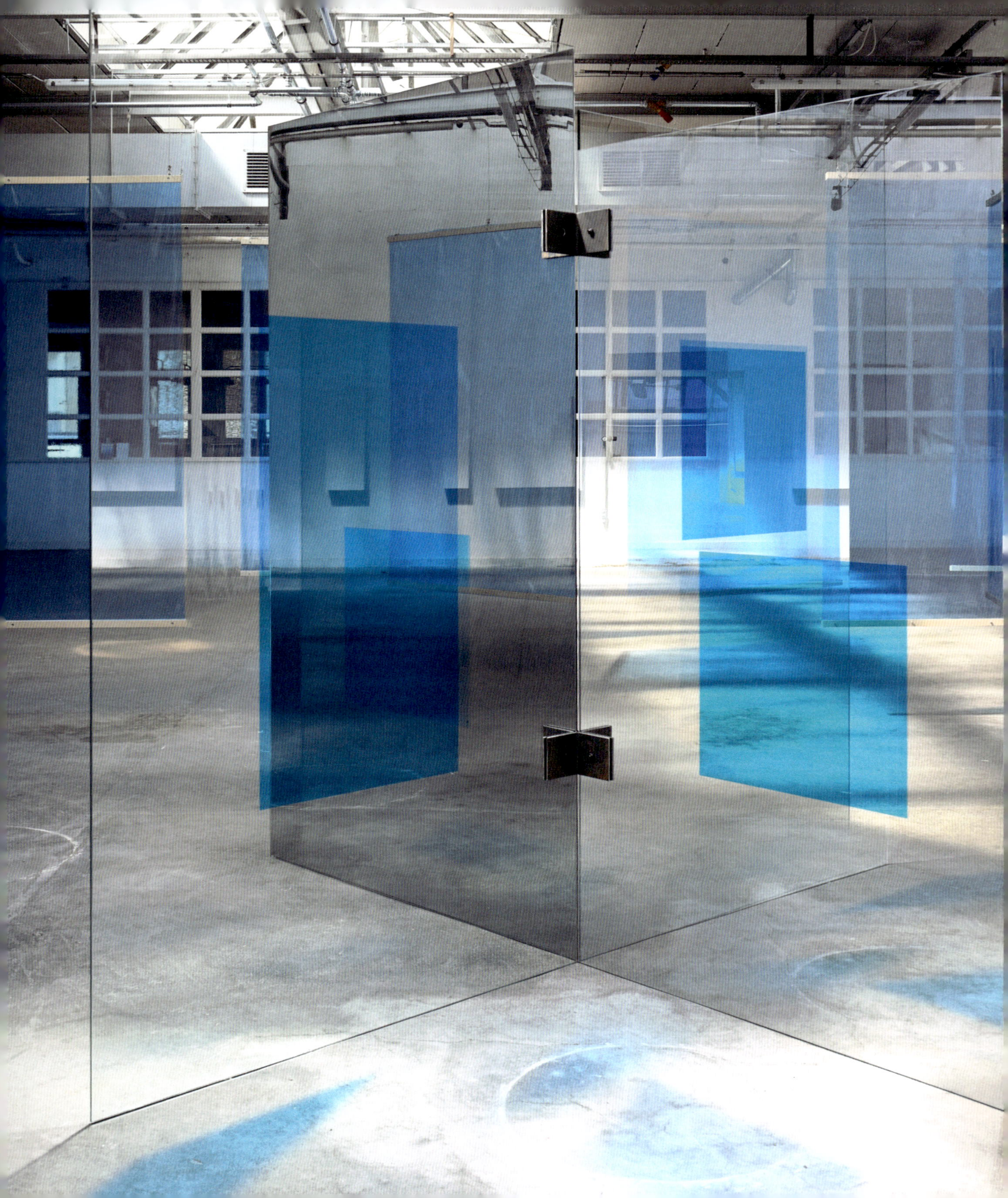

polyfocal perspectives were frozen into supposed picture frames… That which imposed itself to be fixed by vision rotated in circles, and those striving to make sure of this spun in circles, too!

The German *Irre* (lunatic) in *Irritation* made a brilliant appearance and disappeared just as effectively as the emerging *VerwIRREnde* (bewildering), a word concluding with *Ende* (end). You were only brought back to a secure state of stability if you cognitively assured yourself that you were merely standing with closed eyes. If, on the other hand, you sought to rely on your 'seeing vision'[2] whilst seeing while walking and standing while seeing or standing while walking or even walking while standing, you ran the risk of abandoning your physical-psychic search for orientation as a psycho-physical act of insurance. You began to suspect that, ultimately, you would only leave the world into what you had left behind. Before getting to that point, however, it is advisable – even if it's like a rat race – to leave your abandonment to save yourself.

In fact, everything was simple in terms of materials. You entered the CAMPUSHALLE. Dominating attractions were rectangularly cut blue screens in a 'good' window format suspended centrally in the space from the shed roof. White picture steles on the walls were repeated like zip codes, visually superseding the industrial hall's plain wall areas. Glass panes stacked against the walls, placed wide apart on the floor and increasingly closer together towards the walls, dissolved the building's demarcation surfaces even more obviously. They reflected the centrally hanging screens and myself as the viewer, thus dematerialising the walls for our eyes. And four glass surfaces, slightly larger than our bodies, stood in the middle of the room on the rough screed floor. Exhibition aesthetics typical of the Ruhr region in Wuppertal!

Yet – the whole scene was imbued with a never-ending enchantment. The crystalline, faceted blue shadows of the screens on the floor seemed to cut the ground from under your feet. The floor-parallel views, intensifying in both brightness and darkness, further increased this loss of security. And the fact that the white picture steles on the walls would provide support proved to be yet another conceivable delusion when viewed. For their unequal widths were visually counteracted in their factual unequal widths, just as the centrally positioned glass surfaces as sculptural bodies asserted a spatial centre, but visually camouflaged it in a visually carousel-like activated manner. Labyrinth, ghost train, hall of mirrors…

[2] Max Imdahl, 'Cézanne – Braque – Picasso / Zum Verhältnis zwischen Bildautonomie und Gegenstandssehen', in: *Bildautonomie und Wirklichkeit – Zur theoretischen Begründung moderner Malerei*, Mäander-Kunstverlag, Mittenwald 1981, p. 9 ff.

Dirk Salz took three steps ahead with his Wuppertal Room, only to arrive (back) behind himself after taking further steps. He undertook an experiment that proved to be unpredictably predictable. He created a space like motifs for his 'only' imaginatively accessible pictures, thus reversing what has been customary since the monocular pyramidal vision became normative. We have become accustomed to seeing through the eye of artists on their pillion, i.e. to having the whole world depicted in our organ of perception in a focused and concentrated way. In Wuppertal, Dirk Salz placed us in this world, one that is yet to be seen, perceived, and not 'just' seen again as a pictorial image. His 'space' in the CAMPUSHALLE in Wuppertal thus mutated into a realisation of his pictorial motifs entrusted only to our individual experience. And conversely, seen in this way, a model has since also been incorporated into his previously pure, image-free pictures, to which his Wuppertal Room relates as an imagined image.

- Raimund Stecker

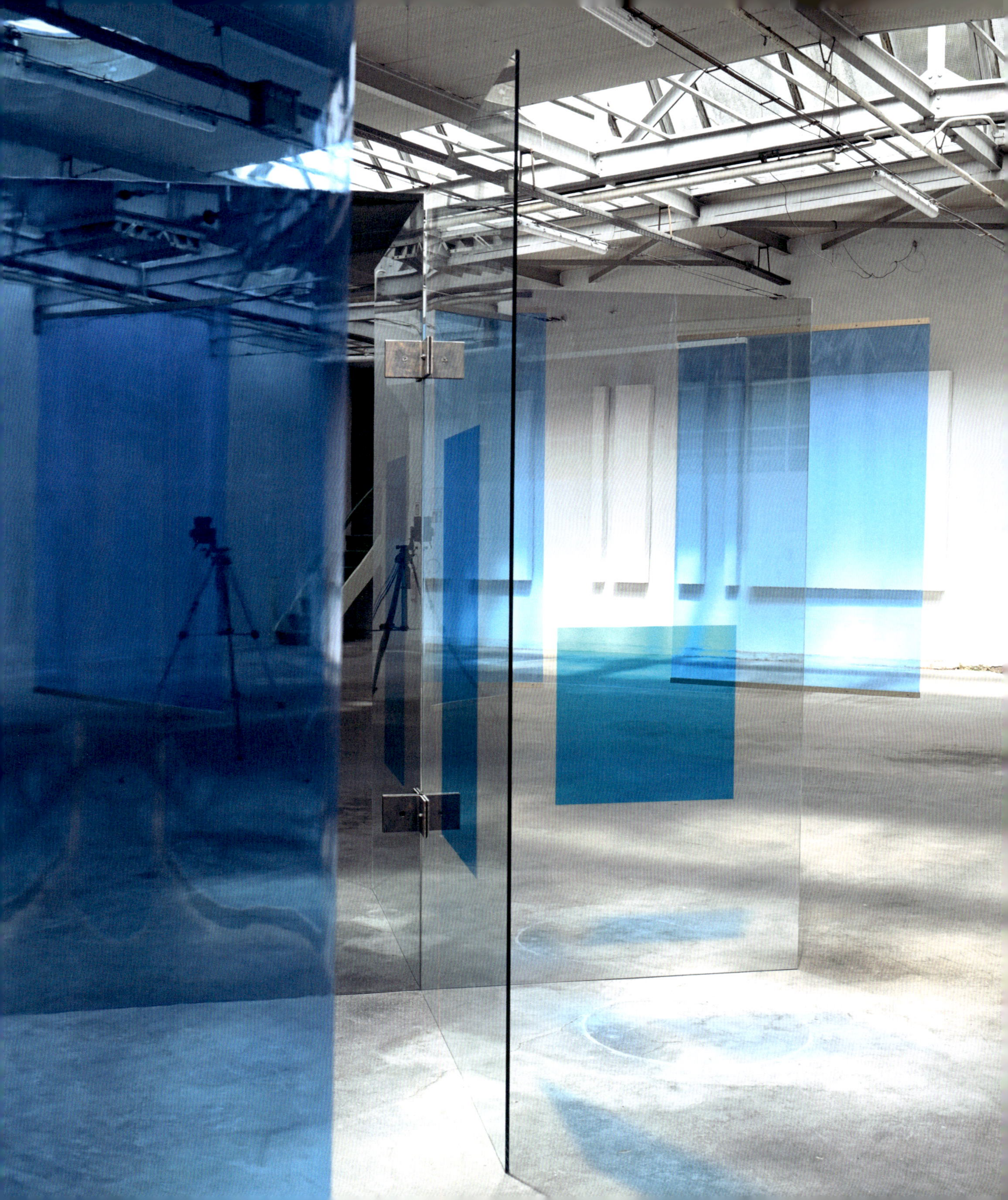

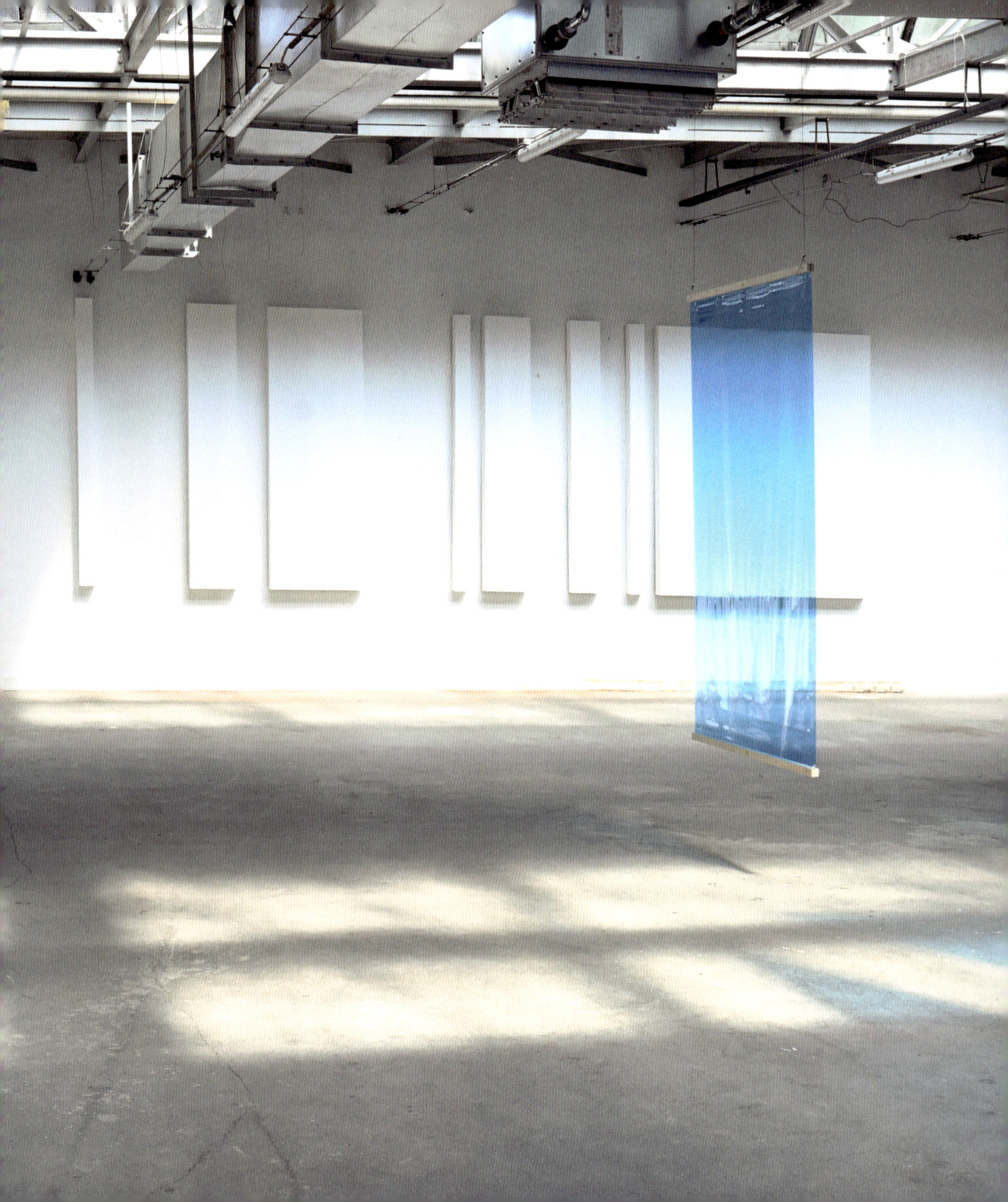

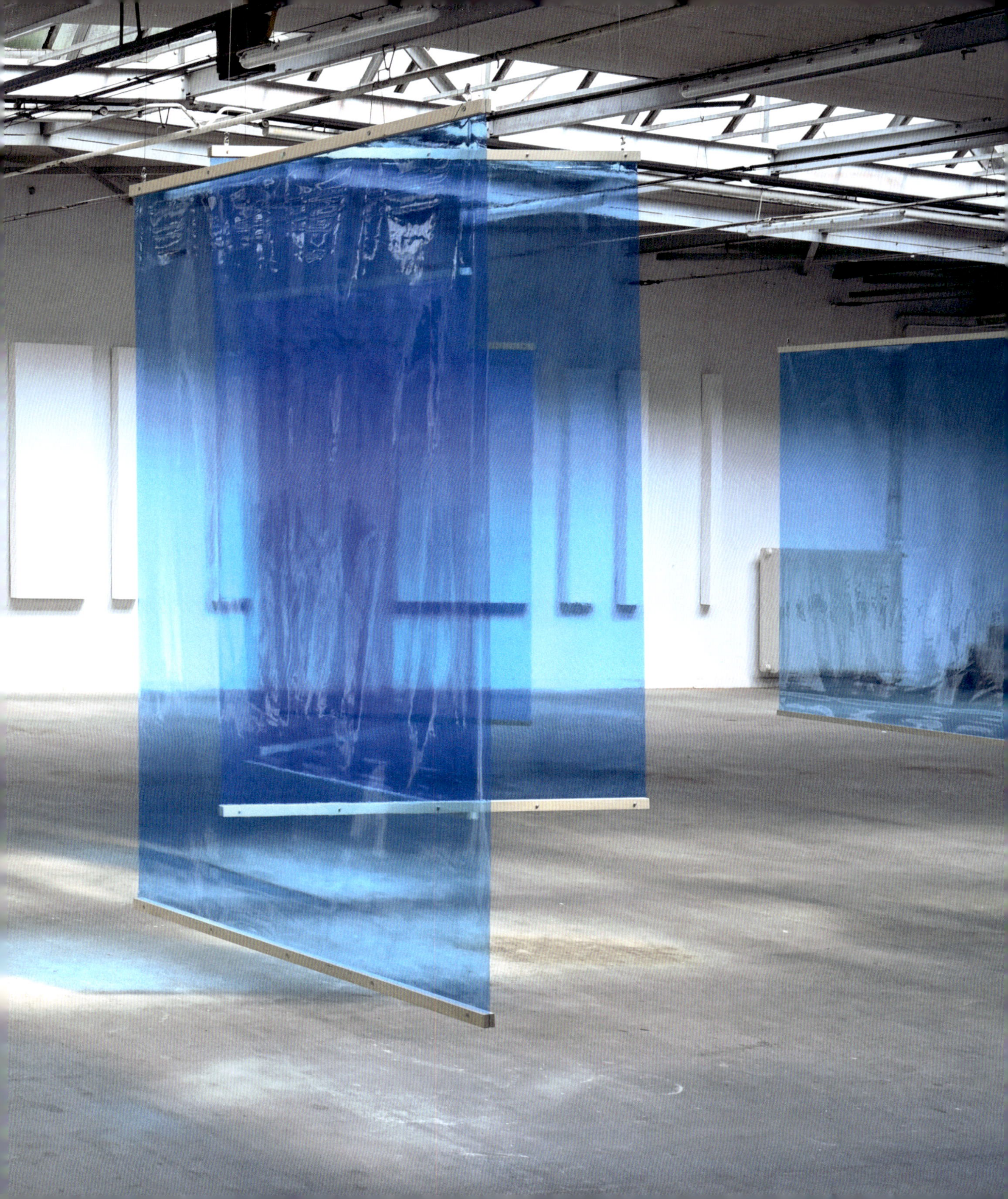

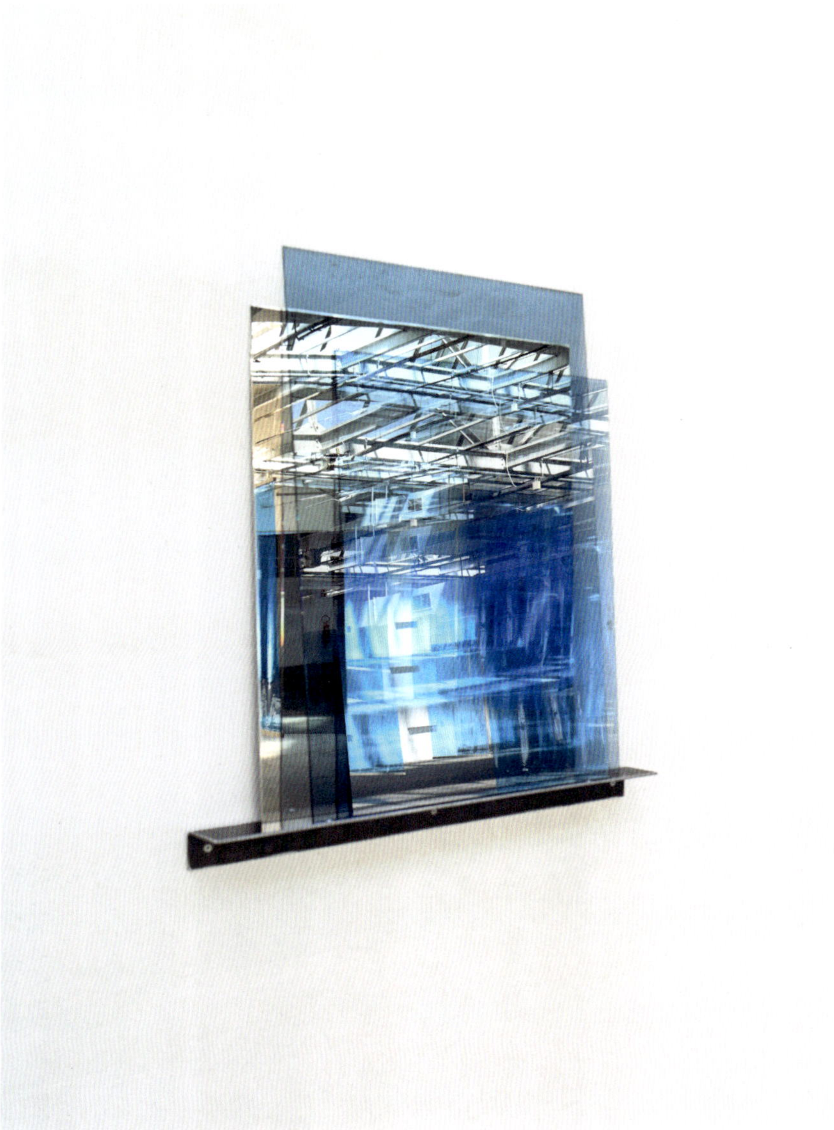

 # O36 I 2023 I 70 x 70 x 7 cm

Polierter Edelstahl, Stahl und gefärbtes Glas /
Polished stainless steel, steel and coloured glass

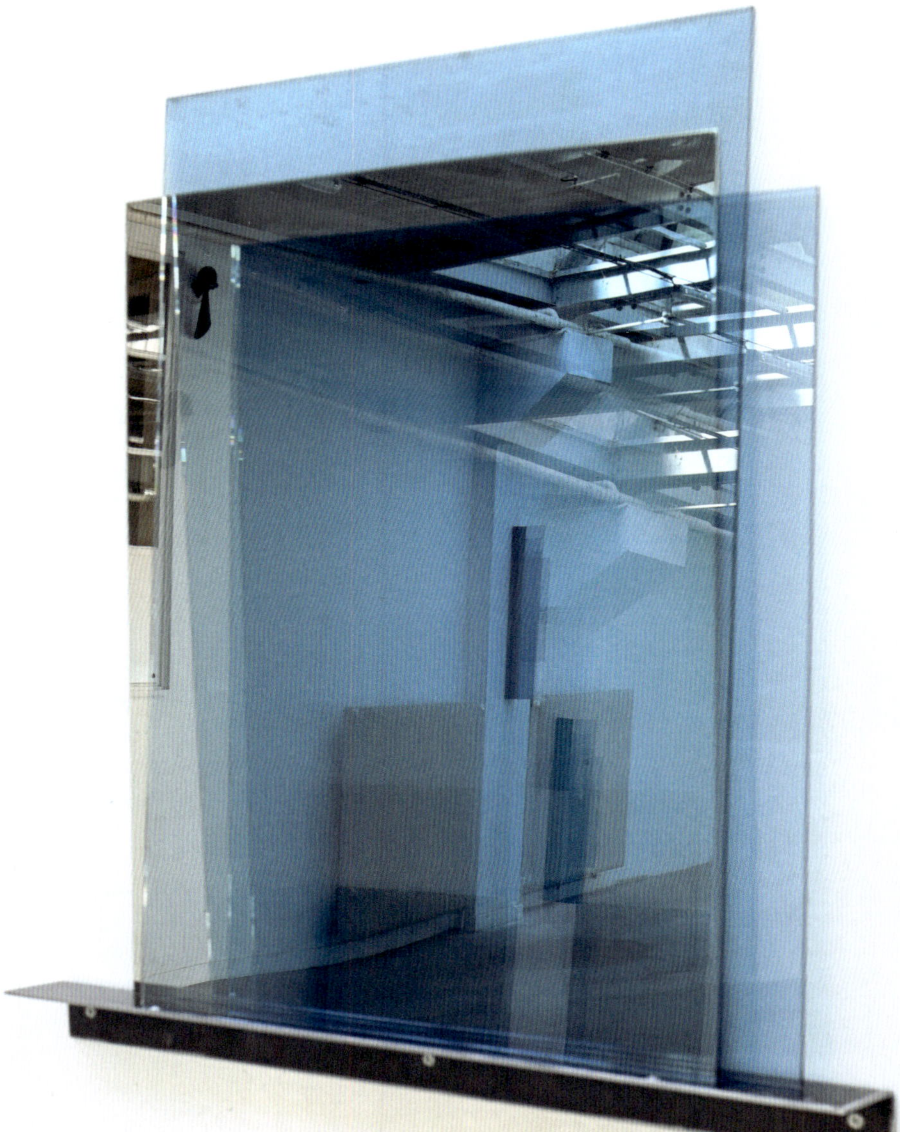

 # S39 I 2023 I 220 x 235 x 235 cm

Floatglas, Doppelspiegel, Zwei-Wege-Spiegel, Stahl, Gummi und farbige Klebefolie /
Glass, double-sided one-way mirror, two-way mirrors, steel, rubber and coloured adhesive foil

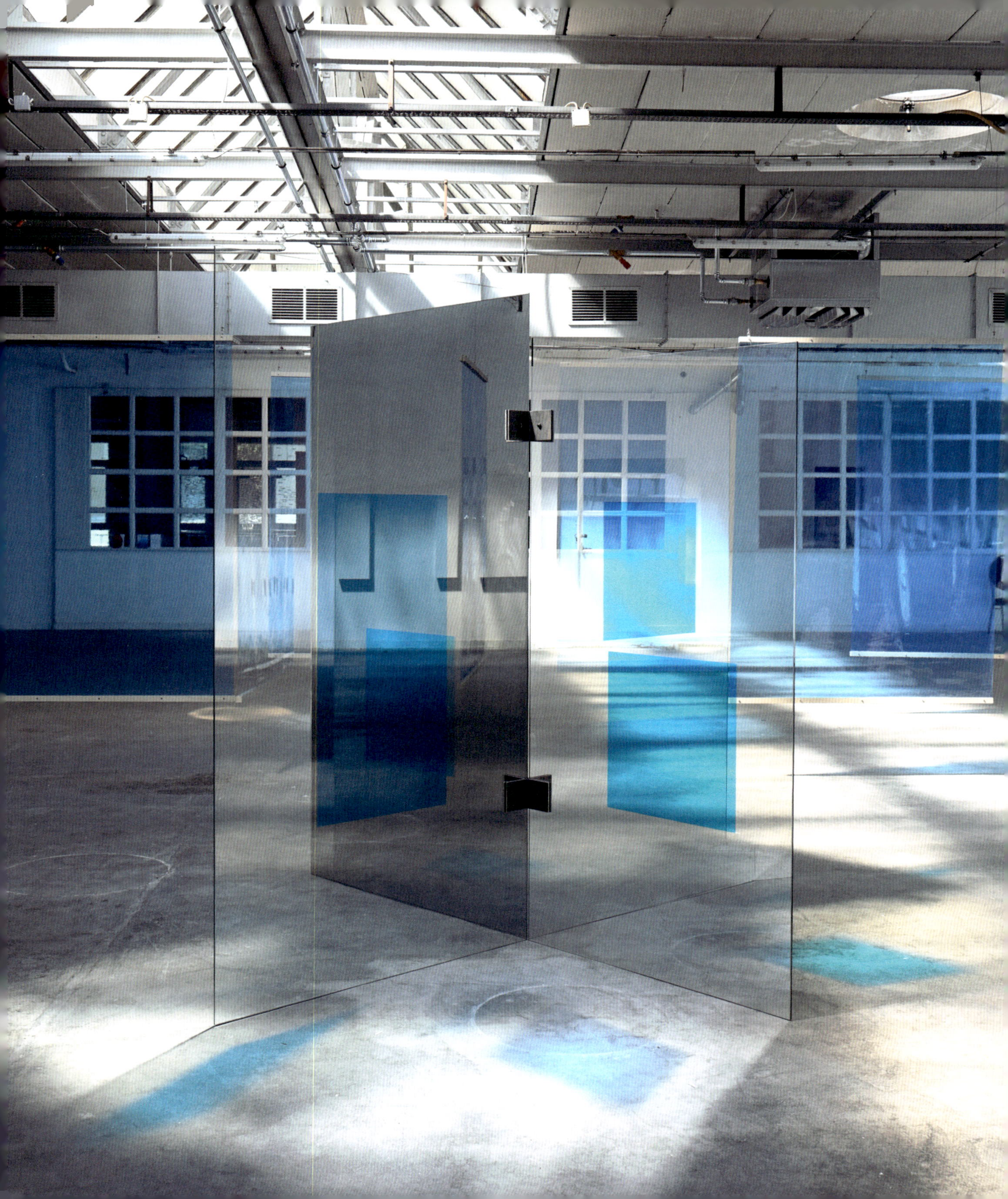

Impressum/Colophon

Herausgeber / Editor:
Galerie Löhrl

Text / Text:
Raimund Stecker

Übersetzung / Translation:
Bianca Murphy / Murphy translation services

Lektorat / Copyediting:
Susann Harring (Dt.) / Sarah Quigley (Engl.)

Gestaltung / Design:
Alexander Voß, Dirk Salz

Umschlag / Cover:
Dirk Salz

Fotografie / Photography:
Dirk Salz

Herstellung / Production:
Jens Bartneck / Kerber Verlag

Projektmanagement / Project management:
Verena Simon / Kerber Verlag

Druck und Bindung / Printing and binding:
Gutenberg Beuys Feindruckerei, Langenhagen

Papier / Paper:
Magno Volume 170 g/m²

Kerber Verlag
Rudi-Dutschke-Straße 26
10969 Berlin
Germany
+49 30 259 28 280
info@kerberverlag.com
kerberverlag.com

Kerber Publikationen werden weltweit vertrieben: /
Kerber publications are distributed worldwide:

ACC Art Books
Sandy Lane
Old Martlesham
Woodbridge, IP12 4SD
UK
+44 1394 38 99 50
+44 1394 38 99 99 (F)
uksales@accartbooks.com
accartbooks.com

Artbook | D.A.P.
75 Broad Street, Suite 630
New York, NY 10004
USA
+1 (212) 627-1999
+1 (212) 627-9484 (F)
orders@dapinc.com
artbook.com

AVA Verlagsauslieferung AG
Industrie Nord 9
5634 Merenschwand
Switzerland
+41 44 762 42 00
+41 44 762 42 10 (F)
avainfo@ava.ch

Zeitfracht Medien GmbH
Distribution
Germany
+49 711 7860 2254
service.zeitfracht.de

Die Deutsche Nationalbibliothek verzeichnet diese Publikation in der Deutschen Nationalbibliografie: dnb.de. /
The Deutsche Nationalbibliothek lists this publication in the Deutsche Nationalbibliografie: dnb.de.

ISBN 978-3-7356-1027-0

www.kerberverlag.com

Printed in Germany

www.dirksalz.com